kurz & bündig

Basel | Frankfurt a. M.

geschichten & begegnungen

Reingard Dirscherl
Tägliches Befremden
Erzählungen

kurz & bündig verlag | Frankfurt a. M. | Basel

Besuchen Sie kurz & bündig verlag im Internet:
www.kurz-und-buendig-verlag.com

© 2020, kurz & bündig Verlag | Frankfurt a. M. | Basel
Alle Rechte vorbehalten. Das Werk darf – auch teilweise –
nur mit Genehmigung des Verlages wiedergegeben werden.
Lektorat: Rainer Vollmar, Frankfurt a. M.; Dr. Katharina Theml, Wiesbaden
Gestaltung: Katja von Ruville, Frankfurt a. M.
Covermotiv: © piskunov
Illustrationen: Reingard Dirscherl, Basel
Satz: Katja von Ruville, Frankfurt a. M.
Druck & Bindung: CPI books GmbH, Ulm, Leck

ISBN 978-3-907126-33-2

(Dieses Buch ist auch als eBook erhältlich unter der
ISBN 978-3-907126-34-9)

Dialog der Füße

«Ach», stöhnte der linke Fuß und wandte sich seinem Partner zu, «mir tut alles weh. In meinen Knochen herrscht Aufruhr.»

Da antwortete der rechte Fuß. «Du bist zu empfindlich. Aber ich habe es auch gehört, wie sie von oben herab über uns gesprochen hat. Klumpfuß und deformiert, das waren ihre Worte. Ich kann mit euch nicht gehen!»

«Hast du eine Ahnung, warum sie uns so behandelt?», fragte der Linke. «Wir sind doch schön, wir beide. Ich mit meinem Halux, und du mit deinem hohen Rist.»

«Wir wölben uns wie Brücken von einem Ufer zum anderen, und wir halten stand. Aber sie will lieber fliegen.»

«Weißt du noch damals, als sie nicht landen konnte? Da war sie wirklich am Ar…»

«Sch, sprich nicht so», sagte der Rechte zum Linken, «aber ich erinnere mich, sie hatte uns völlig vergessen.»

«Später hat sie sich ein Fahrrad zugelegt. Was für ein königliches Blau! Kurz darauf hat sie aber doch festgestellt, dass sie ohne uns nicht konnte. Abwärts ging's immer, aber aufwärts? Wie sollte sie ohne uns in die Pedale treten?»

«Und wie auf eigenen Beinen stehen, wenn sie Grundlegendes einfach ignorierte?»

«Wir haben sie durch die Stadt getragen, ihr ganzes Gewicht auf uns geladen.»

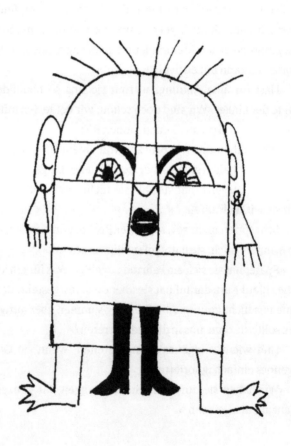

«Um ehrlich zu sein», meinte der rechte Fuß leicht zerknirscht, «ich habe dabei etwas mehr auf mich genommen.»

«Ja, ja», murrte der linke zurück, «du warst schon immer der Stärkere.»

«… und die treibende Kraft. Was erwartete sie eigentlich von uns? Dass wir Flügel wären? Füße sind doch für die Erde da, nicht für den Himmel. Meinst du, sie wird das je verstehen?»

«Wer weiß …?», antwortete der andere, während sein kleiner Zeh ein Zwinkern mit dem Hühnerauge nicht unterdrücken konnte.

Der Weg durchs Nadelöhr

BALASUBRAMANIAM. Zuerst sah ich seinen Namen. Er kam mir bei der Begrüßung spielend über die Lippen. «Grüezi Herr Balasubramaniam», sagte ich – wie es sich hier gehört – und dachte dabei, dass andere auf dem Migrationsamt über diesen Namen gestolpert wären. Ich nicht, denn eine Frau Balasubramaniam hatte bei mir einst einen Deutschkurs besucht. Immer noch sind mir die vielsilbigen tamilischen Namen geläufig. In dieser Klasse hatte ich zum ersten Mal eine Sprache gehört, die wie rhythmisches Trommeln klang und mich in meiner Fantasie in dampfende Regenwälder versetzen konnte.

Nun stand ich ihrem Sohn gegenüber und hätte ihn beinahe mit *vanakam* (tamilisch für *Guten Tag*) begrüßt. «Sie könne do aane sitze», sagte er in astreinem Basler Dialekt und wies auf den Stuhl. Ich glaubte die leicht hervorquellenden Augen seiner Mutter zu erkennen.

«Sie brauchen einen Staatsbürgerschaftsnachweis, Pass, Wohnnachweis, eine neue Geburtsurkunde und die Steuerbescheinigung», erklärte er und übergab mir das gelbe Blatt, auf dem er zuvor alles angekreuzt hatte. «Ihr Mann ist kein Schweizer?», fragte er. Ich nickte. «Auch wenn er sich nicht einbürgern möchte, benötigen wir noch die Geburtsurkunde Ihres Mannes, eine reine Formalität», gab er mir zu verstehen. Das haben Formalitäten so an sich, dass sie rein scheinen, dachte ich, ohne etwas zu entgegnen.

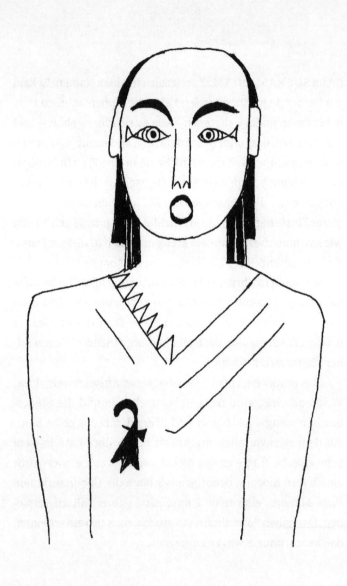

Mein Weg zum Schweizer Pass begann bei Herrn Balasubramaniam und dauerte präzise zwei Jahre, wie er mir vorausgesagt hatte. Ich kenne kein Land, in dem die Behörden den Zeitraum derart großzügig berechnen, dass die Ereignisse dann auch wirklich pünktlich stattfinden. In dieser Beziehung war und bin ich schon lange Schweizerin und ertrage es nicht, wenn etwas nicht so funktioniert, wie es angekündigt wird. Möge es so lange dauern, wie es will. Gut Ding will eben.

Mit einer erleichterten Einbürgerung war nicht zu rechnen. Ich musste mich genauso anstellen wie alle anderen Passgänger auch. Nach einem halben Jahrhundert in der Schweiz habe ich auch das gelernt.

In Wien, wo ich zur Welt gekommen bin, waren die Prinzipien etwas lascher und der Orient etwas näher gewesen. In meinem Elternhaus hatte sich eine Filiale der Julius-Meinl-Kette einquartiert. Über dem Geschäft prangte ein Mohrenkopf mit rotem Fez, und es roch sieben Jahre nach Kaffee und Kolonialwaren, bevor sich meine Eltern in die Schweiz aufmachten. Die Landung war nicht gerade sanft gewesen, obwohl im neuen Land vieles reibungsloser verlief. Ich stolperte an Stoppschildern und Verbotstafeln, die über Zugehörigkeit und Ausschluss bestimmten, vorbei ins Erwachsenenalter. Bei mir hieß es dann eben: «Halt d' Schnuure, du Sauschwob!»

«Wer will schon einen Platz unter solchen Menschen?», tröstete ich mich. Sie verbieten dir den Mund, machen ihn zur *Schnuure* und können dabei einen Schwaben nicht mal von einer Wienerin unterscheiden. Ich wurde Ethnologin und verlegte meinen Arbeitsort genau dorthin, wo die Schweiz endete und das Ausland begann. In den Unterrichtsräumen der Deutschkurse betrieb ich meine Studien des Fremden, dem ich oft näher kam als dem Nahen.

Manchmal war das Nahe abstoßend. Das Nahe waren die rot-schwarzen Plakate einer sogenannten Volkspartei, auf denen ausländische Männer als unrasierte, Sonnenbrillen tragende Mafiosi, die Frauen hingegen als von Kopf bis Fuß schwarz verhüllte Gestalten dargestellt waren. Ein Teil der Schweiz fühlte sich bedroht. Ich habe weder eine Vorliebe für Tschadors, noch hege ich im Namen einer falsch verstandenen Toleranz Sympathien für Zwänge, die andere als religiöse Freiheiten definieren. Es traf mich jedoch, dass eine hier lebende Ausländerin – sämtlicher Individualität enthoben – zu einem gesichtslosen Sack mit Gucklöchern gemacht wurde. Dem Menschen die Persönlichkeit zu stehlen, ist ein Merkmal von Pauschalisierungen.

Manchmal war das Nahe einfach lästig. Besonders wenn ich es wagte, die Mentalität oder die Politik in Frage zu stellen. Reflexartig rollte sich die Inländerin zusammen, stellte ihre Stacheln auf und verlegte den Komparativ in den Nachbarstaat. «In Österreich ist es auch nicht besser», hieß es dann. Ich fragte nicht nach hier oder dort, links oder rechts, entweder oder. Meine Kriterien bestanden aus sowohl als auch. Ausgrenzerfahrungen verleiten zum Überschreiten binärer Systeme.

Als Ausländerin, die ich war, plapperte ich die Mundart wie die Einheimischen und das hier verpönte Hochdeutsche sogar etwas eloquenter, aber etwas durfte ich nicht: Kritik üben. Im Land der Meinungsfreiheit sorgten die Bürger selbst dafür, dass man keine Gesinnungspolizei brauchte. «Wenn es dir nicht passt, kannst du ja gehen», lautete es nach vielen Jahren immer noch – direkt ausgesprochen oder nicht. Nein, ich bleibe. Ich bin schon lange angekommen und möchte als Wienerin mit Weltstadthorizont nach fast 50 Jahren gleichberechtigt mit Helvetias Töchtern durch die Straßen gehen. Ich werde mich einbürgern lassen.

Ich möchte Ihnen nicht vorenthalten, dass ich zuvor bei meinem Heimatstaat Österreich triftige Gründe nachweisen musste, um die Staatsbürgerschaft behalten zu können. Man riet mir, nicht an Emotionen zu appellieren. Also ließ ich die Sprache von Mutter und Vater, Joseph Roth, Thomas Bernhard und Elfriede Jelinek, das Schloss Schönbrunn samt Kaiserschmarrn und Zentralfriedhof weg und beschränkte mich aufs Ökonomische, was ich allerdings ziemlich unanständig fand. Ich erklärte in meinem Schreiben an die österreichischen Behörden, dass der Erhalt mit wesentlichen finanziellen Vorteilen verbunden wäre. Das war gut so. Denn wir sind schon längst global, und da bestimmt, was zählbar ist und wer zahlen kann, nicht irgendwelcher Lokalkolorit. Ich durfte meine österreichische Staatsbürgerschaft behalten.

Als ich wieder auf dem Migrationsamt vorsprach, um endlich alle Unterlagen abzugeben, die ich aus Wien hatte kommen lassen, war das neue Integrationsgesetz in Kraft getreten. Das hatte zur Folge, dass ich noch den Nachweis erbringen musste, über ausreichende Deutschkenntnisse zu verfügen. Waren sie völlig übergeschnappt? Sie hörten doch, dass ich Deutsch sprach. Sie konnten aus meinem Lebenslauf entnehmen, dass ich in Basel zur Schule gegangen war, hier mein Studium abgeschlossen hatte und obendrein als Deutschlehrerin arbeitete. Wussten sie nicht, dass in Österreich unter anderem ebenfalls Deutsch gesprochen wurde? Die Dame zeigte Verständnis für meine Verwirrung und lächelte. Sie drückte mir trotzdem die Unterlagen mit den Testterminen in die Hand. Kosten pro Deutschtest: 150 Franken.

Bevor ich bei der kantonalen Prüfungsinstanz landete, hatte der Beamte persönlich an meinem Arbeitsplatz nachgefragt, ob jemand etwas gegen meine Einbürgerung einzuwenden hätte, und sich bei einer Schweizer Freundin über mich erkundigt. Sie weilte gerade in Sansibar und schrieb über mich: «Ich kenne sie seit Mitte der Achtzigerjahre, und ich kann sagen, dass sie genauso schweizerisch ist wie ich. Sie verbrachte den Großteil ihres Lebens in Basel und trägt mit ihrer engagierten Arbeit zu wichtigen sozialen Anliegen unserer Stadt und unseres Landes bei.» Meine Freundin ist als Schweizerin auf die Welt gekommen, hat aber einen Großteil ihres Lebens im Ausland verbracht.

14 Dann folgte mein großer Tag. Ich war eingeladen zu einem Gespräch im Stadthaus, einem prunkvollen Bau in der Altstadt von Basel. Im weiträumigen Vorzimmer nahm ich Platz und fühlte mich sofort zu Hause. Mir gegenüber wartete eine dunkelhäutige Mutter mit ihrem festlich gekleideten Sohn. Ich betrat den Saal. Mehrere Personen waren anwesend. Ein Herr führte die Befragung durch: «Sie sind Frau … aus Österreich. Sie möchten Schweizerin werden, warum erst jetzt?» Gerade als ich zur Antwort ansetzen wollte, schrillte sein Mobiltelefon. Der Befrager fingerte am Gerät herum, unterdrückte den Ton und wiederholte nochmals die Frage, auf die ich mir mittlerweile die Antwort zurechtgelegt hatte. «Um es kurz zu machen», begann ich, «ich wohne hier, ich arbeite hier, ich habe meine Freunde hier, ich integriere andere und sie integrieren mich laufend. Ich bin schon längst angekommen. Es fehlt nur noch die Anerkennung meiner politischen Mündigkeit.»

Die Befragung war simpel. Nichts, was man nicht der beigelegten Broschüre zur Vorbereitung hätte entnehmen können. Dennoch verwechselte ich den Ort des Bundesgerichts. Lausanne und Luzern klingen doch irgendwie ähnlich. Dann war alles vorbei. Den Sprachnachweis hatte ich durch ein anderes Dokument umgehen können.

Ich bin jetzt Schweizerin und Österreicherin. Auch die Ausländerin gehört dazu. Sie lässt sich nicht mehr wegschicken und schützt mein neu erworbenes Gut wie eine wetterfeste Plane. Beide Nationalitäten können sich darunter verstecken und sind nicht mehr allein. Wir streiten oft und heftig, besonders, wenn die eine die andere auf Vergangenes festnageln will, doch wir haben uns aneinander gewöhnt. Wir sind Kaiser und uns selbst untertan. Wir kennen uns zu gut, um uns nicht zu befremden. Der Blick aufeinander ist liebevoll, doch illusionslos. Was den Humor betrifft, werden wir wohl nie zueinander finden.

Mein Opium

Le sang blanc coule épais du pavot de sa tête. Il le recueille à pleines mains. Et le sang rouge en bas lui trace les chemins au bout desquelles la mort à l'épouser s'apprête.[1]

Er sieht mitgenommen aus, der Katalog zu *Opium*. Die Texte sind mit Fragezeichen oder Pfeilen und Anmerkungen versehen. So wirken sie auf mich verlässlich. Für wichtige Zahlen baue ich Eselsbrücken und verankere sie so im Gedächtnis. Manchmal dient mir ein Spickzettel. Wie oft war ich im Museum und habe mir die Opiumpfeifen angesehen, da ich die Exponate im Ausstellungsführer nicht erkennen konnte. Fokussierende Schärfe auf ein Detail ist das Markenzeichen des Hausfotografen. Der Rest verschwimmt im Nebel. Die Aufnahme gestattet der Betrachterin nur einen Blick. Der zweite bleibt verwehrt und lockt so zu den Dingen. Um diese zu erkennen, genügt es nicht, sie abzubilden. Das Auge will schweifen. Der Geist will sich mit ihnen auseinandersetzen.

Neben dem Ausstellungskatalog liegt ein Roman über die Vorgeschichte der Opiumkriege in China. In *Das mohnrote Meer* beschreibt Amitav Gosh die Monopolisierung des indi-

---

[1] Jean Cocteau, *L'acteur*
   Das weiße Blut fließt dick aus der Mohnkapsel seines Kopfes. Er fängt es in seinen Händen auf. Und unten zeichnet das rote Blut ihm die Wege vor, an deren Ende der Tod sich bereit macht, ihn zu heiraten.

schen Mohnanbaus durch die East India Company. Ich notiere mir den Namen *Jardine & Matheson*. Die britische Firma ist durch Opiumhandel und Zwangsarbeit reich geworden. Die Website des heute noch existierenden Unternehmens mit Sitz auf den Bermudas zeigt, dass es sich um einen weltweit tätigen Konzern handelt. Er verschiebt Autos, Schiffe, sogar Immobilien, nur kein Opium mehr. Zur Imagepflege fließen Gelder in wohltätige Zwecke. Ein Paradebeispiel, wie während des Kolonialismus erwirtschaftete Erträge postkolonial geschönt weiterwirken und Milliarden umsetzen.

Etwas später verwies mich die Geschichte über den Anbau von Opium in andere geografische Regionen. In Afghanistan fanden die Machenschaften um Einfluss und Gewinn im 20. Jahrhundert ihre Fortsetzung. Die Opiumproduktion vor Ort soll während des Kalten Krieges durch die CIA initiiert worden sein.[2]

Als ich mehr über die Pflanze wissen wollte, fand ich heraus, dass nährstoffreiche Lehmböden sich günstig auf ihr Wachstum auswirkten und weiße Samen den besten Ertrag lieferten. Im Botanischen Garten der Stadt sah ich dem Schlafmohn beim Wachsen zu.

Mohnöl bekam einen festen Platz in meiner Küche, und ich versuchte mich, dank eines Rezepts meiner Großmutter, an Mohnpotizen, einem Gebäck aus zerstoßenen Mohnsamen und Germteig. Beim Aufräumen auf dem Estrich stieß ich auf ein verstaubtes Gemälde. Meine Katze Poppy liegt auf einem vergessenen Grab. Ich drehte das Bild um und entzifferte meine eigene Schrift: *Nur wer mit Toten vom Mohn aß, von dem ihren, wird nicht den leisesten Ton wieder verlieren.*[3]

---

2   McCoy, Alfred W. 2003. *Die CIA und das Heroin*. Frankfurt: Zweitausendundeins
3   Rainer Maria Rilke, *Die Sonette an Orpheus*, 1922, Sonette 9,

Rilke-Fan mit einem Hang zum Frühgrufti, schmunzelte ich über meine einstigen Vorlieben und stellte das düstere Bild neben das Buch von Gosh.

Schließlich fragte ich einen Ex-Opiomanen über seine Abhängigkeit aus und verliebte mich. Ich folgte jeder Spur, die Opium gelegt hatte oder nach sich zog, und ließ mich sogar von einer Parfumverkäuferin im Globus mit der neuesten Version *Black Opium* von Yves St. Laurent besprühen. Zu Hause rieb ich mir den süßlichen Duft von Jasmin, Kaffee und Patschuli von der Haut.

Falls ich vergessen haben sollte, mich vorzustellen: Ich vermittle Kultur.

«Ich begrüße Sie herzlich im Namen des Museums der Kulturen», lauteten meine Standardworte vor Führungen. Ein Zitat von Jean Cocteau half mir dabei, den Spielraum der Ausstellung *Opium* auszuloten: *Ich verteidige nichts, ich richte nicht. Ich trage belastende und entlastende Urkunden zum Prozess des Opiums bei.* Mit den Besuchern werfe ich einen Blick hinter Fassaden. Gemeinsam kratzen wir am Verputz.

Raum und Zeit bestimmen den Umgang der Menschen mit Opium. Was gestern und anderswo erlaubt war, ist heute und hier verboten. Das muss gesagt sein und betrifft jene, die Prinzipien brauchen. Zudem arbeite ich in einer offiziellen Institution und bin mir meiner Rolle bewusst. Ich achte auf meine Worte. Das Zitat von Cocteau dient als roter Faden, den ich durch die Räume ziehe und um die Dinge wickle. Da ich geradezu versessen aufs Prozessuale bin, finde ich es gut, dass es Zitate gibt, mit denen man den Rahmen abstecken kann. Ich spinne Netze dazwischen. Manchmal passiert es, dass so etwas eingefangen und ausgesponnen wird, was seine eigenen Wege geht. Es ist meine letzte Führung durch *Opium*. Das Publikum ist mir zugewandt. Ich spüre seine Zuneigung.

«Ich begrüße Sie herzlich im Namen von – bewusste Pause – Opium», sage ich dieses Mal.

Hinter mir, auf den Dias an der Wand, schieben sich Mohnblüten übereinander, bis sie sich, noch während ich spreche, von den Kapseln lösen und – weiß, lila und purpurfarben – zu Boden schweben. Eine junge Frau mit kupferroten Locken bückt sich nach einer. Ein Teppich aus Blütenblättern bedeckt den Boden, vor dem die Besucher einen Halbkreis bilden.

Das nächste Bild: Unter den Fingernägeln eines Opiumbauern aus Pakistan, dem Land der Reinen, klebt schwarzer Dreck. Er ritzt die Frucht an und zeigt, wie Opium gewonnen wird. Von oben nach unten. Die erste Milch ist weiß, wenn sie in Tröpfchen aus der jadegrünen Kapsel quillt. Der Bauer auf dem folgenden Dia sammelt die rotbraun glänzende Paste in Schalen. Die Wahl des Erntezeitpunkts ist heikel, ich weiß.

Die Besucher sollen sich von Anfang an beteiligen. «Was assoziieren Sie mit Opium?», frage ich und ritze. Von oben nach unten. Was geht wohl in ihren Köpfen vor? Ich lausche. Einzelne Laute entsteigen den Mündern und formieren sich zu Begriffen wie Afghanistan, Opiumhöhle, Sucht, Schmerzmittel oder Rausch. Ich lasse den Klang nachzittern und merke mir die Wörter, bevor sie sich verflüchtigen und nach einem Ort in der Ausstellung suchen, auf dem sie sich niederlassen werden. Der Ausblutungsprozess ist im Gange. *Le sang blanc coule épais du pavot de sa tête.* Wir folgen seiner Spur. Geritzt wird üblicherweise drei Mal.

«Die erste Ritzung gibt den besten Saft», höre ich mich sagen. Dann beugen wir uns über fast zwei Kilo Rohopium unter einem Glaskubus im Eingangsraum. Diese Verbeugung verdient das letzte Opiumbrot, das 1973 zu medizinischen Zwecken und ganz legal von der Türkei nach Basel gelangen konnte: Das Corpus Delicti oder der Stoff, aus dem sowohl Träume als auch Albträume sind. Wie Sie wollen.

«Hunderte Arten von Mohn gibt es, aber nur eine mit dem ganz besonderen Saft, den die Griechen Opos nannten: Papaver somniferum», erkläre ich. Das Licht im großen Raum ist anders als sonst. Wir haben die Schwelle überschritten. Es geht los. PAPA VER SOMNIFERUM: Jetzt habe ich die Pflanze zerschnitten. Ich behalte den Kopf samt dem roten Faden von Cocteau in meinen Händen. Die Kapsel ist der Teil, der das meiste Opium enthält. *Papa, ver somniferum*[4] ist das Stichwort, auf das sich vor der Vitrine mit den Opiumtinkturen und den Porzellangefäßen mit der Aufschrift Theriak eine Gestalt eingefunden hat. Sie erscheint in einem weißen Labormantel, wie Mikroanalytiker ihn zu tragen pflegen, und wartet. Sie ist ein Er. Er wartet auf mich. Ich erkenne meinen Vater. Sein Geist erscheint, wenn ich ihn rufe. Selbst wenn es sich dabei um ein Missverständnis handelt. Er reagiert eben auf Laute. Und da ich nach Papa eine kurze Pause eingeschaltet habe, bevor ich das Wort mit *-ver somniferum* zu Ende bringen konnte, ist er im ersten Stock des Museums gelandet. Genau an dem Platz, der ihm entspricht, während ich das ausgeflogene Wort *Schmerzmittel* von der Vitrine nehme und es mit der Kapsel und dem roten Faden deponiere. *Theriaca* steht auf dem Apothekergefäß aus Porzellan. Das opiumhaltige Universalheilmittel fand im 18. Jahrhundert reißenden Absatz.

Papaver Somniferum hat eine mehrere tausend Jahre alte Entwicklung als Schmerzmittel durchgemacht. Hul Gil, Pflanze der Freude, sollen es die Sumerer genannt haben. Theriak wird es heute noch im Iran genannt. «Theriak heilt alles,

---

4 Papa, gib den Schlafbringer her! (Ein Sprachkonglomerat aus Deutsch, Türkisch und Latein)

aber gegen Theriak[5] gibt es kein Theriak», zitiere ich ein persisches Wortspiel, das sich mit der Auswirkung von Opium beschäftigt.

Die Anfangssilbe von Theriak führt mich weiter zu Theophrastus Bombastus von Hohenheim. Den Namen lasse ich mit Bedacht über meine Lippen gehen. Er schmeckt üppig, und er steigert die Spannung bei den Besuchern. Noch, so vermute ich, kann niemand etwas mit dem Namen anfangen. Erst als ich ihn dem Arzt Paracelsus zuordne, der aus Basel flüchten musste, sehe ich das Leuchten in den Augen. Ihm folgt ein mehrköpfiges Nicken. Von Paracelsus stammt das Zitat: *Alle Dinge sind Gift, und nichts ist ohne Gift.* «Allein die Dosis macht's», beendet es ein Mann mit buschigen Augenbrauen, die seinen Blick verstärken. Das Kopfnicken setzt sich fort, bis ich den Faden wieder aufnehme. Leider wusste auch Paracelsus über sein Laudanum, wie er die gelobte Opiumtinktur aus Alkohol nannte, nicht, mit welcher Menge aus der heilenden Dosis eine tödliche wurde. Viele sind an Atemstillstand, verursacht durch eine Überdosis, gestorben.

Mein Vater gibt ein Zeichen und verzieht seine Lippen zu einem Namen. «Sertürner», flüstert er mir zu. Er kann es nicht erwarten, von der mittelalterlichen Alchemie endlich zur Chemie vorzustoßen, die durch Analyse der Alkaloide Opium zu Beginn des 19. Jahrhunderts berechenbar und die in ihm enthaltenen Substanzen dosierbar gemacht hat. Seine Augen funkeln verschmitzt, als er mir ins Wort fällt, um mit der Geschichte des Apothekergehilfen aus Paderborn, ebendiesem Sertürner, zu beginnen, dem es furchtbar übel wurde, bevor ihm die Isolierung des Morphins aus dem Mohnsaft gelang.

---

5   Die persische Bezeichnung *Theriak* ist doppelt konnotiert: Sie wird sowohl für *Heilmittel* als auch für *Opium* verwendet.

Die Besucher scharen sich um den Chemiker und wollen mehr dazu wissen. Während er mit einem Marker $C_{17}H_{19}NO_3$, die chemische Formel für Morphin, dann die für Kodein und Heroin auf einem der Ausstellungsschränke notiert, stehe ich regungslos daneben und stelle mir vor, wie er das ganze Museum mit Formeln vollschmiert. Mein Mund ist trocken. Ich habe vergessen, ihn zu schließen. Ich brauche H_2O – Wasser. Erst als ich unsere Aufsicht mit einem Putztuch auf die Scheibe zueilen sehe, rühre ich mich von der Stelle. Da hat sich der Chemiker im weißen Kittel schon aus dem Staub gemacht. Zurück bleiben nur Buchstaben und Zahlen auf dem Glas und ein Dunst, der sich vor dem Fenster im Gegenlicht abzeichnet. Wie kann ein Geist wissen, wie man sich in einem Museum benimmt? sage ich zu mir, um meinen Vater in Schutz zu nehmen. Manche Besucher wissen es auch nicht, und die sind keine Geister.

Wir wissen es jetzt: Opium wird getrunken. Opium wird gegessen. Opium wird als Morphin gespritzt, und Opium wird geraucht. Wir ziehen weiter, bis wir vor den Rauchutensilien haltmachen. Neben den seltenen chinesischen Pfeifen nehme ich historische Daten auf und lasse Fakten sprechen. Ein Blick auf meine Notizen zeigt: 1842, nach dem ersten Opiumkrieg, wurde China gezwungen, Hongkong für immer an England abzutreten. Die kleine Insel sollte sich als idealer Hafen herausstellen, um ungestört einen gigantischen Markt zu erschließen. «Ein Markt, der den einen Millionen sicherte, aber Millionen andere siecher machte[6]», erlaube ich mir das Wortspiel um ökonomisch profitable Abhängigkeiten. 1906 zählte China 13,5 Millionen Opiumsüchtige, was einen jährlichen Absatz von 39 000 Tonnen Opium bedeutete. Die chinesische Regierung führte einen erbitterten, aber aussichtslosen Kampf ge-

---

6 *Siech* bedeutet ursprünglich *krank*. Das Wort Sucht ist darauf zurückzuführen.

gen den *schwarzen Dreck,* in dem die Behörden alles, was mit Opium zu tun hatte, zerstören und verbrennen ließen.

Die wertvollen Objekte, um die wir uns gruppieren, zählen zu den wenigen, die weltweit erhalten geblieben sind. Opium lässt erinnern, und wir erinnern uns. Ich erwähne den Sammler der schönsten Opiumpfeifen, Steven Martin, der seine Leidenschaft für das Rauchen und dessen Wirkung mit folgenden Worten beschrieben hat: *Hinter entzückenden kunsthandwerklichen Erzeugnissen verbergen sich tatsächlich höchst effiziente Werkzeuge der Selbstzerstörung.*[7]

«Wieso so negativ?», fällt mir der Althippie mit Mandschurenzopf ins Wort. «Opium ist ein Geschenk des Himmels, ein Segen, eine Gnade», während er sich Schritt für Schritt nach links um seine Achse zu drehen beginnt. «Opium ist Gottes eigene Medizin, es hilft uns Schmerzen zu ertragen und ...» Zwei seiner Begleiter aus Bayern breiten die Arme aus und tun es ihm gleich. Das Kreisen erfasst einen nach der anderen. Wie die tanzenden Derwische haben sie die rechte Handfläche zum Himmel geöffnet, die andere weist zur Erde. Der mächtige goldene Buddha aus Japan, der in der Ausstellung Platz gefunden hat, thront davor und lächelt ihnen gütig zu. Er scheint von innen her zu leuchten und sich über das ausgelassene Drehen zu freuen. «Amida Buddha, hilf», flehe ich halb zu ihm, halb zu mir gewandt, «und bringe sie vom Kosmos zurück auf den Boden!» Buddha lässt sich nicht aus der Ruhe bringen, er bleibt stumm. Die rechte Handfläche in der Geste des Lehrens nach oben, die linke nach unten, auch er. Ich peile den nächsten Saal an, doch die Tanzenden haben keine Eile. Nachdem sie sich wieder geortet haben, interessiert nur noch, wie man Opium raucht und wie es wirkt.

---

7 Opium, Museum der Kulturen Basel, Christoph Merian Verlag, S. 109

Opium verführt. Im Gegensatz zu Bizets Carmen, die ihr *mais si je t'aime prends garde à toi* hinausposaunt, um schließlich Don Josés Dolchstoß zu erliegen, schleicht es sich an *und zeichnet die Wege vor, an deren Ende der Tod* uns umfängt.

«Solange du Opium rauchst, ist es ein Segen, aber wehe, wenn es dich zu rauchen beginnt», sagte mir einer, der es wissen musste. Es schält dich aus der Verantwortung für Gegenwärtiges und Zukünftiges. Die Besucher hören nicht mehr zu. Sie entgleiten mir. Sie wollen es selbst erfahren und fordern die Seele der Pflanze heraus. Möge sie sich offenbaren. Ein Drängen zur Opiumhöhle beginnt. Niemanden stört es, dass das transparente Kunststoffiglu im Zentrum nicht im Entferntesten einer solchen gleicht. Der Tanz hat auch die Vorstellungskraft befreit. Jeder bekommt eine Pfeife, bevor wir uns in und neben der Opiumhöhle aus Plexiglas niederlassen. Ich wähle die Bambuspfeife mit dem Jademundstück und wickle den roten Faden um das dunkle Rohr. Geduld, meine Damen und Herren, geschätztes Publikum, es gibt genug Opium für alle in den Ausstellungsschränken. Der Mann von den Front Services hat mittlerweile die Waffen gestreckt und Klappstühle herangeschafft, um das Beisammensein gemütlicher zu gestalten. Er hilft mir beim Anzünden der Opiumlampe und bringt uns das persische Opium samt Glas aus der Vitrine. Es ist in Rollen vorbereitet. Eine Rolle entspricht etwas über neunzehn Gramm. Noch ist es viel zu hart. Rauchen werden wir es auf die chinesische Art. Mit ausgesuchten Luxuspfeifen soll der Prozess der *kulturellen Aneignung*[8] erfahrbar werden. Opium wird

---

8   Begriff der Ethnologie, der kulturelle, soziale, religiöse, politische und wirtschaftliche Begegnungen und Verflechtungen aufzeigt und untersucht. Neues wird dabei meist nicht einfach übernommen, sondern umgewandelt.

verdampft und nicht angezündet. Ich muss es ihnen noch zeigen. Bühne frei für Opium.

«Nehmen Sie die Nadel und erwärmen Sie ein Opiumkügelchen über der Lampe, und zwar so, dass es nicht mit der Flamme in Berührung gerät», erläutere ich, während meine Hand zittert. Ziemlich umständlich, aber der Althippie hat Erfahrung, und nach einigen Versuchen blubbern die ersten Kügelchen schon auf den Pfeifenköpfen. Auch die Aufsicht kann sich zurücklehnen. Die Besucher werden gesprächig. Eine ältere Dame erzählt von ihrer ersten Begegnung mit Opium in Indien. «Damals habe ich keine Wirkung verspürt. Jetzt fühle ich mich so leicht und friedlich», sagt sie. «Vielleicht hat die Ruhe Buddhas auf dich abgefärbt», meint ihre Freundin. Die Gäste aus Bayern unterhalten sich mit der Indienreisenden. Ein Pharmamanager ergreift das Wort und spricht sich nach mehreren tiefen Zügen für den Opiumanbau an Walliser Berghängen aus. Leider seien die Winter dort zu kalt, meint jemand, der sich auskennt. Die Gespräche plätschern sonor dahin. Während die Zungen träger werden, wird der Gehörsinn geschärft. Selbst das Echo im Innern ist lauter geworden. Nein, Opium erzeugt keine Visionen, es ist kein Halluzinogen. Der Rausch verstärkt nur, was bereits in einem schlummert. Gib einem Ochsentreiber Opium, und er wird wahrscheinlich von Ochsen träumen, meinte Thomas de Quincy. Wie spät ist es eigentlich? Die Uhr zeigt mir, dass fast drei Stunden vergangen sind. Doch weiß ich nicht mehr, was drei Stunden bedeuten. Wir haben das Zeitgefühl verloren. Der Applaus, bevor wir uns verabschieden, gehört allen, nicht zuletzt – aber das wissen Sie ja schon!

Meine letzte Führung ist vorbei. *Opium* ist zu Ende. Die Ausstellung wird abgebaut. Wo Opium war und mich zur Entdeckerin seiner vielseitigen Aspekte werden ließ, ist *tohu wa bohu,* wüst und leer. Entzogen ist mir die Quelle meiner Inspiration. Ich suche sie überall, doch wohin ich mich auch wende, sie ist versiegt. Ich finde nur ein Loch, so rund und leer wie O für Opium. Sein schonungsloser Sog zieht mich hinein. Hier muss ich durch. Es gibt keinen Ausweg. Die magnetische Höhle beginnt sich nach hinten zu verlängern. Der Tunnel wird auch mich verschlingen. Verkehrslärm pulsiert durch die Röhre. Ein transversales Dröhnen schraubt sich durch mein Gehirn. Ich schlafe nicht mehr. Ich brauche diese Substanz, die mich zum Fließen brachte.

Das Mondlicht schiebt sich durch die Luken meines Dachfensters. Schicht um Schicht. Opium treibt mich um. Ich muss es zu Papier bringen. Ich schreibe. Meine Feder kratzt trocken über das Papier. Dann fließt aus ihr der Saft. Er dunkelt nach. Mein Geist wird klar. Die Erzählung kann beginnen. Ich werde sie *Mein Opium* nennen.

Die Deutschlehrerin

Der Mann in der Lederjacke streckte mir die Hand entgegen. Seine Augen schauten an meinen vorbei. Er vermied es, mich anzusehen. Das verlieh ihm einen leichten Silberblick und mir das Gefühl, dass er etwas zu verbergen hatte. An seiner Jacke, schwarz mit breitem, über den Hüften zugeknöpftem Bund und dem vorschnellen Händedruck war er leicht auszumachen als einer, der nicht von hier stammte. Der gesenkte Blick verriet mir, woher er gekommen war. Gleich einer Kompassnadel wies er Richtung Osten. Wie er mir die Hand hinstreckte, offensiv und nicht abwartend, zeigte, dass er mitbekommen hatte, dass die Menschen hier einander die Hände zum Gruß reichten. Die Feinabstimmung des *Wer, Wem, Wann und Wo* beherrschte er indes noch nicht. «Yeni geldi», er ist neu gekommen, nannten alteingesessene Türken, die schon mehr begriffen hatten, solche Neuankömmlinge. Doch er war kein Türke. Er stammte aus dem südlichen Nachbarland. Er hieß Jessy oder Hossy. Jedenfalls nannte er sich so. Ich kann mich nicht mehr an seinen Familiennamen erinnern, aber der sollte auch bald nicht mehr von Bedeutung sein.

Jessy oder Hossy sprach in gebrochenem Englisch über Ungerechtigkeit und Ausbeutung der Menschen auf der Welt. Die Lehrerinnen, die ihm in Deutschkursen die Sprache beibrachten und so manches mehr, was er zum Leben in der Fremde brauchte, stimmten ihm zu. Er war auf der richtigen Seite.

«Und so intelligent!», befanden sie einmütig. Mit ihm würde man sogar einfache Gedichte lesen können. Brecht zum Beispiel, schließlich gehörte der zur deutschsprachigen Kultur. «Am Grunde der Moldau wandern die Steine. Es liegen drei Kaiser ...», oder waren es zwei?

Warum er gekommen war, wussten die Lehrerinnen nicht, aber, was sie über das Regime seiner Heimat wussten, war Grund genug. Es gab ihm das Recht zu gehen und hier zu bleiben. Ein Diktator in grüner Uniform herrschte nämlich an der Spitze jenes Landes. Irgendwann, als der Westen ihn nicht mehr brauchte, war der Mann auf dem weißen Pferd in Ungnade gefallen und sein Name zum Reizwort geworden, was die militärische Besetzung des Landes nach sich zog. Jahre davor hatte der Staatsmann sich als Idol feiern lassen wie das Vorbild seiner Jugend, das denselben Schnurrbart getragen hatte. Es ist übrigens etwas Eigenartiges mit dem männlichen Gesichtshaar, das oft – über den ästhetischen Aspekt hinaus – durch Form und Schnitt auf die Gesinnung seines Trägers verweist. Jessy oder Hossy trug keine Gesinnung im Gesicht. Er war glattrasiert.

«Das Große bleibt groß nicht, und klein nicht das Kleine.»

Jessy oder Hossy machte überdurchschnittliche Fortschritte, was allerdings nicht schwer war, weil die durchschnittlichen Lernerfolge derer, die mit ihm die Sprachschule besuchten, weit unter dem Normalmaß lagen. Die Lehrerinnen waren hin und weg vom Englisch sprechenden Elektroingenieur. Jedenfalls hatte er diese Berufsbezeichnung in den Personalbogen eingetragen. Ob er gut aussah? Ein wenig exotisch eben, mit honigfarbenem Teint. Er lernte schnell. Noch schneller lernte er, wie er ältere unabhängige Frauen (oder solche, die sich für selbstbestimmt hielten) um den Finger wickeln konnte.

Wenn er daran dachte, wie das damals mit Merijem war. Was war das für ein rituelles Zieren gewesen, bis er seine Braut

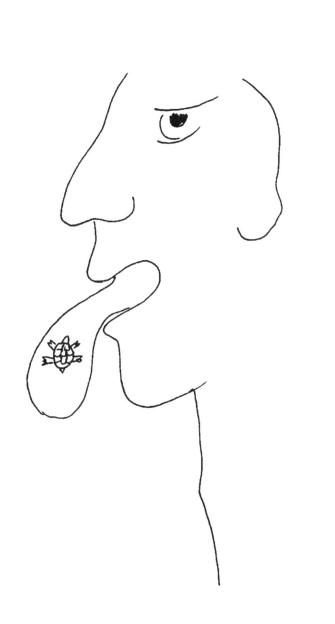

endlich so weit hatte, dass sie ihm ihre Lippen anbot. Das ewige Hin und Her zwischen seinen und ihren Eltern, obwohl sich beide Familien gut kannten, sogar entfernt verwandt waren. Die Heirat hatte seine Familie in Schulden gestürzt. Ach, Merijem, diese zarte Haut! Dieser nur von ihm berührte Mund! Sie war bei der Hochzeit fast noch ein Kind gewesen. Wie schnell sie errötete, wenn er ihr ins Ohr flüsterte. Merijem ... so hieß sie – aber ihr Gesicht? Wo nur war ihr Gesicht geblieben? Es drohte mehr und mehr zu verblassen wie eine Farbfotografie aus der Kindheit.

Erschöpft warf er sich auf sein Bett, zu müde, die Turnschuhe auszuziehen. Er legte die Füße über die Lehne. Der Rücken schmerzte. In der dampfenden Küche eines Landgasthofs hatte er einen Job gefunden. Die Mahlzeit wurde vom Lohn abgezogen. So schöpfte er sich jedes Mal zwei Teller übervoll und schlang die Portionen eilig herunter, selbst wenn er keinen Hunger hatte. «Wenn sie mich schon wie einen Sklaven schuften lassen», sagte er sich. Ausgleich muss sein.

Jessy oder Hossy achtete darauf, dass er nicht zu kurz kam. Er begann mit allem und mit jedem Geschäfte zu machen. Als guter Integrant wollte er nicht von der Sozialhilfe abhängig werden, er wollte sich in der Fremde eine Existenz aufbauen. Nein, nicht um Merijem hierherzuholen. Zumindest vorläufig nicht. Das würde ihr nur schaden, und ihm würde es auch nichts nützen. Eine vor dem Imam vollzogene Ehe hatte in der Schweiz ohnehin keine Gültigkeit, was zwar nicht sein Gewissen erleichterte, aber sonst doch einiges.

Er hatte nämlich eine Frau kennengelernt. Unnötig zu erwähnen, dass sie etliche Jahre älter war als er, was ihn nicht störte. Die Dinge nicht so eng zu sehen, verschaffte einem einen größeren Spielraum. War er nicht auch gegangen, um sich von den gesellschaftlichen Zwängen seiner Vergangenheit zu lösen? Dass die Frau eine Tochter hatte, schien ihm normal, denn schließlich war sie schon einmal verheiratet gewesen. Ihr Ex, wie sie ihn nannte, hieß Pfamatter, und sie hatte nach der Scheidung seinen Namen behalten. Jessy oder Hossy würde ihr nichts von Merijem erzählen.

Er fingerte am Doppelknoten der Schnürsenkel und ärgerte sich wie immer darüber, dass er beim Öffnen so viel Zeit verlor. Endlich streifte er die Schuhe von den heiß gewordenen Füßen. Seine Gedanken kreisten um die Frau. Er würde sie umgarnen mit Geschichten, die von seiner Großmutter stammen könnten. Die Liebe zu den Geschichten war mit dem Blut der Alten an ihn weitergegeben worden, behauptete er, und im Märchenerzählen konnte ihm keiner das Wasser reichen. Dass er aus Bagdad kam und die Wüste nur vom Hörensagen kannte, würde ihn nicht hindern, die Sterne am nachtblauen Firmament zum Funkeln zu bringen. Und die Sterne schienen zum Greifen nah! «Pifa, Pifa, Pifamatter», wiederholte er den Namen wie ein Mantra, bis daraus endlich das gewünschte Pfamatter wurde.

«Die Nacht hat zwölf Stunden, dann kommt schon der Tag ...»

Er wollte seine Bekannte zum Kaffee einladen. Das machten seine Kollegen auch so. Frau Pfamatter kam ihm zuvor. Sie lud ihn zum Kaffee ein! Irritiert steckte er die Zehnernote, die er aus dem hinteren Hosensack, wo er die Scheine immer lose aufbewahrte, hervorgewurstelt hatte, wieder zurück. Die Frau himmelte ihn an, den Elektroingenieur mit den schwarzen, kurzgeschorenen Haaren und den Erzählungen aus Tausendundeiner Nacht. Sie überlegte sich, was sie ihm schenken könnte. Es war nicht schwer. Sie würde ihm ein Portemonnaie schenken.

Wahrscheinlich verliebten sie sich ineinander. Ich weiß es nicht. Als Lehrerin kannte ich ihn, wie gesagt, kaum und hatte ja auch gewisse Vorurteile. Nur aus der Ferne bekam ich mit, wie sich das Exil fester und fester an ihn klebte. Die oberste Schicht seiner Haut hatte neben der Farbe auch die Konsistenz von Honig angenommen. Die Frau fand ihn süß, und Jessy oder Hossy erreichte die baldige Schließung der Ehe. Dass er den Namen ihres Exmannes annahm, störte ihn nicht, denn er war jemand, der alles annahm, in kürzester Zeit.

Die Frau empfing sein Kind. Es vergingen Jahre, bis ich Herrn Pfamatter an einem schwülen Sommersamstag, es war der 31. Juli 2001, um einmal genau zu sein, wiedertraf. Auf dem Flohmarkt verkaufte er alte Stühle, die er über Nacht auf der Straße eingesammelt und in seiner freien Zeit aufgefrischt hatte. «Kömmet doch mol nächschti Wuche zum Znacht» (*Kommt doch mal nächste Woche zum Abendessen*), sagte er. Nach all den Jahren war er verbal wie formal vertraut mit den hiesigen Gepflogenheiten und zog einen Kalender aus der Innentasche seines Regenmantels. «Geht's am Freitag?», fragte er und blickte mir dabei in die Augen. Ich spürte, wie ich errötete und seinem Blick ausweichen wollte. Nicht die Einladung irritierte mich, sondern sämtliche Zeichen der Anpassung, die ich wahrnahm. Ich brauchte keinen Terminkalender, um ihm zu sagen, dass es am Freitag leider nicht gehe.

Sein Sohn, der die ganze Zeit neben ihm gestanden hatte, reichte mir sein klebriges Händchen. Ich beugte mich zu dem Knaben mit den langen schwarzen Wimpern und dem rotverschmierten Mund hinab. «Reizendes Kind», dachte ich, ohne ihm meine Hand entgegenzustrecken. Der Vater war stolz auf sein Söhnchen, wie viele Sprachen es spreche, dieses knapp fünfjährige Kind, nämlich Englisch, *Düütsch*, womit er den Schweizer Dialekt der Gegend meinte, und Arabisch. In der Linken hielt es ein rundes Gebäck mit weißem Kreuz auf himbeerrotem Marzipanguss.

Weitsicht verboten

Sie öffnete die Fensterflügel. Ihr Blick fiel auf die Obstgärten. Die Äste senkten sich tief unter der Last der reifen Orangen. Hinter den Blättern der Feigenbäume und den feurigroten Granatapfelblüten verschwanden die Ziegeldächer der Gartenhäuschen. Über ihnen lag ein stahlblauer, gebogener Streifen. Schwach hob er sich vom dunstigen Horizont ab. Das Meer. Olivia atmete den feuchten Geruch ein, bevor sie sich zu viert auf den Weg machten.

Der Duft der reifen Früchte verhieß jedoch kein Land, wo die Zitronen blühen. Die Wellen dieses Meeres hatten nichts von der lockenden Klarheit des Mittelmeers, aus dem Botticellis Venus entstiegen war. Das Kaspische Meer trug Trauerflor. Es versteckte sich hinter endlosen Mauern, die die Küste von West nach Ost und von Ost nach West säumten. Bloß die bonbonbunten Schindeldächer der Villen lugten hervor. Die postrevolutionäre Bauweise gipfelte – ganz im Gegensatz zur politischen Ideologie – in einem unorthodoxen Mix, in dem sich sämtliche Einflüsse aus dem Ausland zusammenfanden. Fernöstliche Pagodendächer stützten sich auf korinthische Säulen, aus dem Seitentrakt wuchsen Türme im Stil französischer Landschlösschen, und die gewölbte Abdeckung neben der Eingangstüre glich einem aus Disneyland nachempfundenen Pilz.

Der Daewoo mit dem Fahrer, den beiden Kindern und der Besucherin aus der Schweiz suchte nach einem Zugang zum

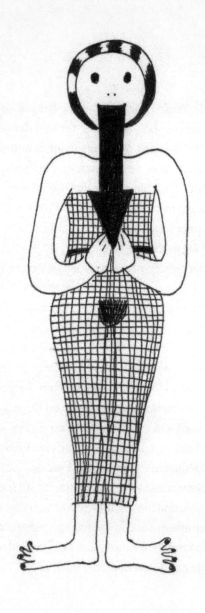

Meer. Doch es hielt sich hinter Mauern versteckt. Die darauf gemalten Graffiti zogen an ihnen vorbei. Wären sie langsamer gefahren, hätte Olivia, die die Schrift noch nicht beherrschte, die Sätze erfahren können. Denn die Wörter entfalteten sich von rechts nach links, als wollten sie die Ausflüglerin ein Stück auf der Reise begleiten. Während die ersten Buchstaben noch neben ihr herliefen, entschwanden die folgenden bereits im Rückspiegel, bevor Olivia ihre Bedeutung erfassen konnte. Sie flogen ihr buchstäblich davon.

Ab und zu stand ein Eisentor offen, und das Auge erhaschte die Sicht auf einen Weg, der zu einem Stückchen Blau führte. Ein anderes Mal zeigte sich hinter Bougainvillea- oder Oleandersträuchern flüchtig der Ausschnitt einer Hausfassade mit vergitterten Fenstern. Die Besitzer waren über das Wochenende der Hektik Teherans entflohen. Oder sie kamen an den zahlreichen Trauertagen, die es nicht zuließen, dass der Alltag einen Rhythmus zum Tanzen fand.

Dann verbarrikadierten sich die Familien in ihren Villen hinter den Mauern. Manchmal beluden sie ihre Autos, um zu einem Picknickplatz im Wald oder an einen Wasserfall zu fahren, wo sie das Gleiche taten wie die anderen auch. Sie breiteten die Decken samt den mitgeführten Kissen aus, stellten die noch warmen Töpfe mit *Khoresh*[9] darauf, legten Früchte und ganze Sträuße von Kräutern daneben und schoben sich die persischen Köstlichkeiten in den Mund.

Auf der löchrigen Straße, die pfeilgerade an den Mauern vorbeiführte, holperten die Busse, ein Auge zum Schutz gegen den bösen Blick in der Mitte über der hinteren Scheibe und darunter, gleich einer Beschwörungsformel: *Ya Ali, Ya Mo-*

---

9 Khoresh heißen die Eintöpfe der persischen Küche mit Gemüse und Fleisch, zu denen Reis gegessen wird.

hammed, Ya Hossein[10] und wie-die-Imame-alle-heißen. Blaue Viehwagen mit zusammengepferchten, von der Feldarbeit zurückkehrenden Menschen stellten sich den Personenwagen in den Weg, die links und rechts vorbeimanövriert wurden. Ein Lastwagen hatte unter dem Gewicht prall gefüllter Reissäcke, die sich fest aufeinandergeschnürt über die dreifache Höhe des Wagens stapelten, Schlagseite bekommen und drohte, auf die Fahrbahn zu kippen. Beim Überholen des schwergewichtigen Transporters wäre beinahe ein klappriges Motorrad zu Fall gekommen. Es kroch zirpend inmitten der Fahrbahn einher – sechs ungleiche Beinchen zur Seite gestreckt – und glich von hinten einer schwarzen, etwas havarierten Grille, die eine dunkle Rauchspur nach sich zog.

Die Achtsamkeit, die außerhalb des Autos den Umgang bestimmte, verpuffte gleich dem Dieselausstoß der Laster in der Luft. Niemand hielt sich an die Verkehrsregeln. Hinter dem Steuer, den Fuß auf dem Gaspedal, verschmolzen Fahrer und Fahrzeug.

Während sich der Tachometerzeiger bedrohlich 120 näherte, wies das Verkehrszeichen am Straßenrand auf eine Geschwindigkeitsgrenze von 50 km/h hin. Die Zahl glich einem auf den Kopf gestellten Herzen mit einem Punkt. «Hier ist alles umgekehrt», bemerkte Olivia etwas verwirrt.

Sie bogen in einen schmalen Sandweg ein und hielten vor der aufgeschütteten Düne, die angelegt worden war, um das Wasser daran zu hindern, sich ins Land zu fressen. Das Ufer maß nur ein paar wenige Meter, und auf den Steinen sammelte sich Strandgut: Flaschen, Plastiksäcke und die angespülte Ko-

---

10 Die persische Silbe *Ya* wird bei Anrufung vorangestellt. Beispielsweise Ya-hou für die Anrufung Gottes. Im shiitischen Islam zählen Ali und Hossein zu den Nachfolgern des Propheten Mohammed.

pie eines Markenturnschuhs *Made in China*. Links eine Mauer, rechts ein bis dicht ans Wasser reichendes rostiges Gittertor. Sie machten kehrt.

Plaje Chanewade stand über der Einfahrt zum Familienstrand. Ein Badestrand für die Familie? Endlich. Den Rand des Sträßchens, das ans Meer führte, säumten aneinandergereihte Verkaufsbuden mit gelben, rosa und lila Sonnenbrillen. Aus den Lautsprechern erhaschte Olivia die bedeutungsvollen Worte eines Sommerhits: *Deleman tange,* ich habe Sehnsucht, wörtlich: Mein Herz ist eng. Merkwürdig, dachte sie, während sich in ihrer Muttersprache das Herz bei Sehnsucht sehnte und dehnte und weit wie ein Meer wurde, zog es sich im Persischen zusammen!

Vor ihr lag das Meer, *Dariya*, weit, aber nicht breit. Es unterspülte eine Pfahlbauhütte, die mit Schilf bedeckt und auf mehrere Pfosten gestellt, herausragte. In der Hütte hingen einige Männer auf breiten Kissen herum, schlürften Tee und lüfteten ihre Füße. *Ya Ali, ya Hossein, ... ya Dari!* Olivia kehrte das Meer einfach um, indem sie die beiden Silben des Wortes vertauschte, und reihte es ein unter all die männlichen Propheten. Dieser Akt weitete einen Moment lang ihr Herz. Er grenzte fast schon an Götzendienst.

Rechts erstreckte sich eingezäunt der Männerstrand, links, von grün-weiß-rot gestreiften Plastikplanen abgeschirmt, derjenige für Frauen. Da trennten sich ihre Wege. Er nahm den Jungen an der Hand, sie das Mädchen.

Nachdem sie die Verschalung passiert hatten, hinter der eine zugeknöpfte Frau in Schwarz mit dicken Brillengläsern sie darauf aufmerksam gemacht hatte, dass *Durbin* (Fotoapparat) verboten war, erblickte sie das abgegrenzte Quadrat. Ein verschmutztes Stück Sand – der Strand, und ein ebenso viereckiges, durch ein Seil gesichertes Stück Wasser. In ihm plantschten weißhäutige Frauen mit ihren Kindern. Sie zappelten in der trüben Flüssigkeit wie gefangene Fische im Kutter.

Im Sand ruhten ein paar Alte, den geblümten Tschador des Nordens locker um sich gehüllt, und stützten den Kopf auf den angewinkelten Arm. Eine Ummauerung, wo sich ein Mädchen im Dunkeln die Haare wusch, diente als Dusche.

Olivia zog Mantel und Hose aus, befreite sich vom Kopftuch und begab sich ins Wasser. «Durbin verboten», hatte die Wächterin gezischt und auf die Kamera gezeigt. Das Wort bekam seine ursprüngliche Bedeutung zurück, die *Weitsicht* heißt. Was sollte Olivia hier, wo es bloß Schranken gab, mit Weitsicht schon anfangen? Dort wo das Tau gespannt war, an dessen Überqueren die Badenden mit einem schrillen Pfiff des weiblichen Wachpersonals gehindert wurden, reichte ihr das Wasser bis knapp über die Hüften. Kein Platz zum Schwimmen, kein Platz für nichts, ein Unort dachte sie. Doch die anderen Frauen und Kinder lachten und freuten sich beim Spiel im seichten Tümpel.

Hinter der willkürlichen Grenze breitete sich ein Meer aus. Ya Dariya! Olivia wollte es umarmen. Sie wollte sich vor ihm niederwerfen, doch es, oder besser sie, denn das Meer konnte nur weiblich sein, kümmerte sich nicht darum, ob ein menschliches Wesen *Dariya* anbetete. Die Besucherin drehte sich um und kehrte an den unwirtlichen Strand zurück, wo sie sich ankleidete.

Das abgestandene Wasser, in das sie die Beine getaucht hatte, hatte den Geruch von verendenden Muscheln angenommen. Hinter der schwarzen Sonnenbrille fanden ihre Augen Trost. Oder war es eher so, dass die Sonnenbrille die anderen vor ihren ätzenden Blicken bewahrte? Es war egal. Das Mädchen stapfte durch den Sand hinter ihr her und schwieg.

Im Haus drehte Olivia den Kaltwasserhahn auf und stellte sich unter die Dusche. Das Wasser war lauwarm. Während der Strahl über sie rieselte, glaubte sie die Erklärung dafür gefunden zu haben, warum die Menschen in diesem Land keine Gelegenheit verpassten, sich bei gesellschaftlichen Anlässen etwas in den Mund zu stopfen. Sie verschluckte ihren Zorn und wickelte das zitronengelbe Badetuch um den nassen Körper. Mit tropfenden Haaren stand sie in der Küche, von wo aus sie in der Ferne das Kaspische Meer sehen konnte. Reflexartig griff sie sich eine Aprikose und biss in das reife Fruchtfleisch. Der aromatische Saft weitete die Mundhöhle. Gierig verschlang sie eine violett glänzende Dattel nach der anderen. Denn nur im Essen, das glaubte sie herausgefunden zu haben, konnte ihr Körper es sich erlauben, die Fassung zu verlieren und sich lustvoll und für alle sichtbar auszudehnen.

Vom Wert der Tränen

«Dis-moi pourquoi tu pleures, ma chère», fragte die Freundin beim Abschied, als sie das Glitzern in Sisis innerem Augenwinkel erblickte. Sisi hatte keine Antwort. Sie zerknüllte das Taschentuch, in das ihr Name eingestickt war, in ihrer Hand und umarmte die Freundin. Ihr war nach flüssig, Salz und Sehnsucht. Als der Zug sich in Bewegung setzte, hätte sie gern dem abreisenden Rotschopf nachgewunken. Aber die Menschen strecken die Köpfe nicht mehr aus den Zugfenstern, um zurückzuschauen oder die Haare im Wind flattern zu lassen. Die Fenster müssen geschlossen bleiben. Deshalb hielt Sisi das Tüchlein bloß mit zwei Fingern an einem Zipfel fest, stand einfach da und war im Weg.

Rucksäcke auf breiten Schultern drängten an ihr vorbei. Das Rattern der Rollkoffer und das einsilbige Klacken der Absätze hallten von den Wänden zurück. Als Sisi sich umdrehte, spürte sie einen schwachen Druck im Solargeflecht und schlenderte dem Ausgang des Bahnhofs zu. Kurz vor dem Kiosk sah sie den Eis-Aushang. Reflexartig wollte sie in die Tiefkühltruhe greifen. Doch ihr Blick fiel zuerst auf das Reklameschild daneben: *LECK MICH DOCH!* stand darauf in Großbuchstaben und darunter *Eiskalte Lust*. Schlagartig war ihr die Lust auf ein Schokoladeneis vergangen. Der Schatten, der ihr seit der Abfahrt des Zuges gefolgt war, hatte sie eingeholt. «Mehr, immer mehr, schneller immer schneller», keuchte er im Vorüberge-

hen wie eine alte Dampflokomotive und entblößte dabei sein lückenhaftes Gebiss. Noch bevor Sisi sich fragen konnte, ob die Gestalt aus ihrer Vorstellung oder einem Obdachlosenheim entflohen war, war der Schatten verschwunden. Während sie in die Sonne blinzelte, die sich durch die Verglasung des Hallendachs zwischen zwei Wolken zeigte, befreite sich die erste Träne. Sisi ließ es zu, dass sich weitere auf ihrer Netzhaut sammelten, bevor sie über die Augenränder quollen. Erleichtert schnäuzte sie in ihr ausgedientes Taschentuch. Eine Salzspur verlief über ihre geröteten Wangen.

Früher hatten Abschiede sie nie zum Weinen gebracht. Sie hatte den Köpfen nachgeschaut, bis sie in der Ferne verschwanden. Heute genügte die Wehmut über etwas Verlorenes. Nichts traf Sisi mehr als das Ausfransen menschlicher Umgangsformen auf das dürftige Maß der Notwendigkeit.

Als sie zu Hause die Wohnungstür hinter sich zuzog, musste sie die Leere füllen, die der verpasste Abschied hinterlassen hatte. Sie kannte ein wirksames Mittel: die Musik. Sisi besaß eine Sammlung von CDs, zu denen sie sich ausweinen konnte, wann immer ihr danach war. Ihre Lieblingssängerinnen Amalia oder Mariza sangen von Abschied, Saudade oder klagten in Barca Negra über den Untergang auf hoher See. Sisis Portugiesischkenntnisse stammten vom Fado. Zum Fado liefen ihr die Tränen. Danach brannten die salzigen Augen.

Thalassa, Meer, war das erste griechische Wort, das Sisi gelernt hatte. Giorgos Dalaras entführte sie ans Ufer des Mittelmeers. Wie aus der Ferne anrollende Wellen sickerte sein Gesang in die Ritzen ihrer Verstimmung. Hinter dem Rauschen der Brandung wurde es ganz still.

Selbst im deutschen Sprachraum, wo es etwas nüchterner zuging, gab es einen, der mit seiner Musik Glanz in Sisis Augen zaubern und sie in eine verlorene Heimat versetzen konnte.

Schubert brachte mit der Winterreise den Schnee zum Schmelzen und Sisis Gedanken zu ihrem Vater. Sisis Vater stammte aus Wien. Er liebte die Wissenschaft, das Klavier und seine Tochter, die für beides empfänglich war und als Einzige seiner Interpretation der Schubertlieder etwas abgewinnen konnte. Sie teilte mit ihm die Freude, die seine Augen mit Tränen füllte. Die Nähe, die entstand, wenn sie sich in ihnen spiegelte, genierte sie. Daher neckte sie ihn und nannte ihn Rührstück, weil er so berührbar war. Weil er sie berühren konnte. Nahmen jedoch Trauer und Leid überhand, schluckte er bloß oder flüchtete sich in den Humor. «Das ist», meinte er, «schon etwas Besonderes mit diesem Humor. *Er trägt die Seele über Abgründe hinweg und lehrt sie mit ihrem eigenen Leid spielen.*»[11] Stets hatte er ein Zitat bereit. «War es Feuerbach, der das sagte?», fragte er und wandte sich seiner Tochter zu. Beide wussten, dass die Frage zum Ritual zwischen Vater und Tochter gehörte und keine Antwort erwartete. In den düsteren Stunden, in denen ihm der Humor Trost bot, benetzte die Flüssigkeit gerade so weit seine Iris, dass sie dem Blau seiner Augen einen eisigen Schimmer verlieh. Für einen Augenblick gefror dort der Schmerz. Doch dann sagte der Vater etwas, worüber beide lachen mussten. Das Lachen taute den Schmerz auf und ließ eine Träne entweichen.

Am Totenbett seiner Frau und ihrer Mutter leistete er einen Schwur. «Von jetzt an schnäuz ich mich», versprach er im breitesten Dialekt des Ottakringer Bezirks. Dann nahm er sein *Schnäuzquadrat* hervor und rotzte hinein, dass die Wände bebten. Zum ersten Mal zuckte Sisis Mutter nicht mehr zusammen oder empörte sich über die Lautstärke. Der Vater blieb diesem Befreiungsakt treu, bis auch er diese Welt verließ. Sisi lächelte über seinem Grab, bevor sie ihm eine Lilie nachschickte. Heute weint sie über das Glück, ihn gekannt zu haben.

[11] Anselm Feuerbach

Zu kurz gekommen

Die Wehen begannen in Grenzach. Das Kind kam in Basel zur Welt und schrie. Erst als es größer wurde, flossen die Tränen. Nono weinte, wenn er hungrig war, er weinte, wenn er müde war. Er weinte vor Schmerz und wenn er Zuwendung wollte. Seine Mama gab Nono, was sie konnte, und was sie nicht konnte, behielt sie für sich. Nie redete sie darüber. Später wies sie ihn wortlos an, die Tränen hinunterzuschlucken. Nono gehorchte so lange, bis sie sich im Hals stauten und selbst das Sprechen verunmöglichten. Das Schweigen, das zwischen den beiden herrschte, war beredt genug. «Tiens-toi droit», hieß es schmallippig, wenn er der Mutter im Wege stand und nicht wusste, was er mit seinem Körper und dem, was aus ihm wucherte, anfangen sollte. Irgendwann war er erwachsen geworden, und die Tränen waren verschwunden. Das war in der Zeit, als man zum Psychologen ging, wenn man etwas auf sich hielt und nicht im Gleichschritt gehen wollte. Der Zeitgeist, der immer zu spät kommt, nahm auch Nono an der Hand und führte ihn zu einem Therapeuten. Bei ihm fing er an, Gefühle zu verorten, bis diese zu einem Stammeln wurden und er Trauer, Freude und Angst schließlich auseinanderhalten und benennen konnte.

Seine Freundin Sisi verstand nichts von den Gefühlen des älteren Mannes und von Gefühlen im Allgemeinen, aber sie liebte mit Haut, Haar und Poren. Ihre Sinnlichkeit tränkte die Luft, und ihre Wünsche waren feucht wie Neugeborene. Sie belegten alles, was sich ihnen nicht entgegenstellte. Sie forderten den Mann nicht heraus, sie überforderten ihn. Da Sisi uneingeschränkten Zugang zu ihrem Säftereservoir besaß, flossen ihr die Augen über. Alle unerfüllten Sehnsüchte wurden dort überflüssig. Nono weinte nicht. Nicht nur weil er ein

Mann war, sondern auch, weil seine Tränenkanäle zwar zu den Ursachen der Tränen im Kopf, nicht aber zu ihnen selbst führten. Die Tränen konnten nicht fließen, selbst wenn er den Grund seiner Traurigkeit kannte. Sisi wollte die Arme um ihn schlingen. Nono ging auf Abstand. Er zeigte keine Gefühle; er begann, Sisi zu analysieren.

Er setzte sich so, dass Sisi nicht nach ihm greifen konnte, und fixierte sie aus der Distanz mit seinem Blick. «Was fühlst du jetzt?», fragte er, indem er die Zurückgewiesene auf eine Expedition durch das Dickicht ihrer Gefühle schickte. «Es ist so traurig!», war alles, was Sisi von sich geben konnte, bevor die Verwandlung einsetzte, die sie zum Forschungsobjekt werden ließ. Mehr und mehr begann sie einer Amazonasgrille[12] zu gleichen. Obwohl Nono ihren Körper nicht berührte, war ihr, als ob er sie geschickt auf den Rücken bugsiert und mit einer Pinzette in eines ihrer strampelnden Beinchen gezwickt hätte. «Du tust mir weh!», keuchte das Geschöpf unter ihm. Kaum erwischte er ein Gefühl, zog er daran. «Du tust mir weh», wiederholte sie, «es tut so weh.» Aber er machte weiter, bis er den stachligen Auswuchs entfernt hatte, und legte ihn in eine Schale. «Hör auf!» Nono hörte nicht auf sie. Er fühlte nur, wie seine Stärke zurückkam. Er würde Sisi schon hinbiegen. Wenn sie ihre Gefühle kannte, würde sie ihm nie mehr zu nahe treten, dachte er. Schweißperlen flossen über seine Stirn. «Nicht!» Sisi zitterte, als sich eine Zange dem goldenen Krönchen, das aus ihrem Grillenkopf wuchs, näherte. Die Zange packte es am Ansatz. Es knickte. Krönchen hatten keine Macht über Nono. «Was fühlst du?», fragte er und lauerte auf die Bezeichnung des Gefühls, um es einzudämmen und beherrschbar zu machen. «Den Namen!» Sisi schwieg. Als sich sein Gesicht mit der Lupe vor dem

---

12 Panacanthus cusbidatus

Auge über sie beugte, starrte sie in eine glitschig weiße, rotgeäderte Kugel. Vom Magen her stieg ein Gebräu in ihr hoch. Sie erbrach einen Schlick aus Wundwasser und versenkter Demütigung. Er schmeckte toxisch. Auf ihm konnte nichts mehr gedeihen.

Wasser, das die Würde hält – Stoffe, die die Schmerzen lindern

Der Krieg in Bosnien war zu Ende. Andere Kriege hatten noch nicht begonnen. Auf einem Kongress von Wissenschaftlern in der Innerschweiz begegnete Sisi der Ärztin aus Sarajewo. Die Ärztin hatte Menschen behandelt, die zu Todfeinden geworden waren. Sie hatte die Wunden genäht, die sie sich beigebracht hatten. Sie hatte die Feinde geheilt, und einige hatte sie sterben gesehen.

Sisi hielt die Eröffnungsrede auf der Tagung. Sie kannte den Krieg nicht. Sie kannte Menschen, die davor in die Schweiz geflohen und hier krank geworden waren. Bei ihr waren sie zu einer neuen Sprache gekommen.

Die Ärztin war gekommen, um über ihre Arbeit zu berichten. Während einer Stunde, aufrecht, selbstsicher und klar. Sisi bewunderte ihre Stärke. Ihr Team hatte durchgehalten. Als die Ärztin den Arztkittel abgelegt hatte, schien das Licht im Veranstaltungsraum dunkler zu werden. Gegen Ende des Vortrags stockte sie häufiger und griff öfter zum Wasserglas auf dem Pult, als ob diese Geste etwas wiedergutmachen könnte. Immer wieder schüttelte sie den Kopf und presste die Lippen aneinander. Das Sprechen fiel ihr schwer. Dennoch fragte sie in die Runde: «Wissen Sie, was das Schlimmste für uns war? Es gab kein Wasser», flüsterte sie und nahm noch einen Schluck aus dem Glas. «Wir konnten uns nicht waschen, wir schämten uns vor uns selbst. Wir waren kurz davor, unsere Selbstachtung zu verlieren.» Sisis Blick traf den ihren. An den dehydrierten Rändern der Würde wirkte die Ärztin so schutzlos. Gern wäre Sisi ihr zur Hilfe geeilt.

Sisi wusste, was sie sagen wollte, als sie sich zu Wort meldete. Sobald sie jedoch den Mund öffnete, begann dort ein Beben, das immer heftiger wurde und den Satz daran hinderte herauszutreten. Ihre Stimme versagte den Dienst, der Atem wurde kürzer, und das Herz beschleunigte seinen Rhythmus. Danach übernahm ein Schluchzen die Regie über ihren Körper. Sisi hatte den Einschlag nicht bemerkt, der ihre Gefühle aufgewühlt und ihre Worte zertrümmert hatte. Alles, was sie durch den Rauch ihrer Erregung wahrnehmen konnte, war ein peinlich berührtes Wegtreten der um sie herum Versammelten. Sie nahm keine auf sie gerichteten Blicke wahr. Niemand wagte es, sich ihr zu nähern. Sisi fröstelte und hoffte nur, dass die Anwesenden ihr Hyperventilieren noch ein wenig länger ertrugen, bis es in ein gleichmäßiges Atmen zurückfand. Damit sie ihre verschütteten Sätze freibuddeln und neu zusammensetzen konnte. Sie schämte sich nicht. Die Ellbogen auf den Tisch gestützt, die offenen Handflächen von sich gestreckt, versuchte sie, die Irritation, die sie ausgelöst hatte, zu besänftigen. Habt Geduld mit meinen Tränen. Und es ging vorüber.

In der Pause steuerte die Ärztin auf Sisi zu. «Sie haben geweint», stellte sie fest und breitete die Arme aus. «Wir weinen oft. Das erleichtert uns das Leben.» Sisi ließ sich in die Umarmung sinken. Irgendwo plätscherte das klare Wasser, das die Würde hält.

Tränen sind wertvoll. Aber nicht alle Tränen sind gleich. Weibliche Tränen sind nicht nur heißer als männliche, sie fließen auch schneller. Wenn Emotionen im Spiel sind, sind sie nahrhafter. Zudem sollen sie tatsächlich Stoffe enthalten, die Schmerzen lindern. Entstehen die Tränen jedoch beim Zwiebelschneiden, enthält ihre Flüssigkeit weniger Proteine. Das alles will die Dakryologie, die sich mit den Tränen beschäftigt, herausgefunden haben. Mit Tränen einer besonderen Art versucht die Pharmazeutik heute sogar, menschliche Blutproteine zu produzieren. Sie stammen von der Hevea brasiliensis.

Sunt lacrimae rerum et mentem mortalia tangunt.[13]

Träne des Holzes, Cao Tschu, nannten die Maya den Saft des Baumes. Viel später übernahmen die europäischen Kolonisatoren seine Bezeichnung. Und weil Kautschuk vor 150 Jahren begehrter als Silber war, machten sie sich auch den Baum zu eigen und nannten ihn Hevea brasiliensis. Mit dem industriellen Fortschritt war die Nachfrage nach dem elastischen und isolierenden Gummi gestiegen, der durch Beigabe von Schwefel in der Hitze nicht mehr klebrig und in der Kälte nicht mehr brüchig wurde. In Amazonien trieben portugiesische Händler die Einheimischen vor Sonnenaufgang in den Dschungel. Auf der Suche nach den weit verstreut stehenden Bäumen schlugen diese sich mit Macheten durch den Wald. Sie zapften im Akkord. Kein Stamm blieb unberührt. So kam es, dass im Urwald Menschen und Bäume gemeinsam weinten. Die Nachkommen der Bäume stehen heute auf asiatischen Plantagen. Sie weinen immer noch. Sie dienen dem Fortschritt und sollen das nicht abbaubare Plastik ersetzen. Tränen sind wertvoll.

In der Arktis knirschen die Gletscherschilde. Krachend bersten die Eisbrocken übereinander. Unter den Touristen,

---

13 *Es sind Tränen in Dingen, und sterbliche Dinge berühren den Geist.* Vergil, Aeneis 1,462

die ihre Kameras in die Luft halten und alles filmen, bricht Jubel aus. Vor ihren Augen bäumen sich die Schollen ein letztes Mal auf, bevor sie im Wasser des Polarmeers versinken. Irgendwann werden die flüchtig gewordenen Schmelzwasser der erhitzten Erde über die Ränder treten und Festland und Inseln überschwemmen.

Sisi blickt hinaus aufs Meer. Ihr Meer. Unser Meer. Mare Nostrum. Mittelmeer. Dunkle Wolken rotten sich in der Ferne zusammen, um das auszuschütten, was sie auf ihrer Wanderung mit den Winden aufgesaugt haben. Während im südlichen Mittelmeer eine rote Sonne unter dem Horizont verschwindet, machen sich Menschen in einem schwarzen Boot auf den Weg in den Norden.

Die Wellen schlagen dumpf an die Küste von Kerkyra. Sisi kann sie rufen hören. Sie versteht, was sie sagen. Gern würde sie in die Elegie einstimmen und ihren Tränen freien Lauf lassen, aber sie hat in ihrem Leben so viel geweint, dass keine mehr übrig sind. Nun bewahrt sie Haltung. Sie rafft den Rock zusammen und knotet ihn um die Taille. Während sie hinabsteigt zum Meer, klatschen die ersten Tropfen in ihr Gesicht. Schon tränkt der Regen den weißen Stoff ihres Kleides. Die Haare kleben an ihren Schultern. An der steinigen Bucht löst Sisi die nassen Sandalen von den Füßen und watet ins Wasser. Das Wasser steigt. Die Flut umspült ihre Waden und greift an den Schenkeln hoch. Sisi schwimmt hinaus. Sie treibt durch die klagenden Wellen und lässt ihren Kummer los, bis ein aufgewühlter Strudel ihn mit sich zieht auf den Grund unseres Seins.

Nichts als Freude

Der Tag, an dem sie von uns ging, war schwül und stickig. Selbstverständlich hatten wir damit gerechnet, dass es so weit kommen würde, irgendwann, bald. Aber an diesem Nachmittag, als wir sie zum Tierarzt brachten, ahnten wir nicht einmal etwas. Zahnfleischentzündung, dachte ich bloß. Das Gitter ihres Transportkoffers stand offen, und sie war einfach hineingeschlüpft. Kein Reisetrauma mehr, wie ich erwartet hatte. Im Gegenteil, auf zur letzten Fahrt.

Der Tierarzt gab ihr eine Spritze, weil sie zusammenzuckte, sobald er ihren Mund berührte. Da sei nichts mehr zu machen, erklärte er uns. Als er ihre Lefzen hochzog und auf den Oberkiefer deutete, sah ich das wuchernde Geschwür. Wir nickten, und es war uns allen drei klar, was das bedeutete. Der Arzt zog die zweite Spritze auf. Meine Hand lag auf dem warmen Fell meiner Katze, unter dem ich die Rippen des Brustkorbs ertastete.

Ich berührte es kaum, aus Furcht, den filigranen Körper zu zerbrechen, der sich – langgestreckt auf dem Operationstisch aus Aluminium – immer noch kaum merklich hob und senkte. Die erweiterten Pupillen in den glasigen Augen blickten matt ins Leere. Sie tat ihre letzten, flacher werdenden Atemzüge. Aus dem geöffneten Mund fiel das rosa Zünglein zur Seite. «Leb wohl für immer», flüsterte ich, was vielleicht nicht ganz der Situation entsprach.

«Wollen Sie sie mitnehmen und im Garten begraben?», unterbrach mich die Assistentin, als ob ich dieses Wesen, dessen Seele noch nicht entschwunden war, dadurch zurückhalten könnte.

«Nein», sagte ich, «schaffen Sie sie weg.» Der Gedanke, dass ich sie der Wasenmeisterei überließ, einem Massengrab, in dem die Tierkadaver und Metzgereiabfälle entsorgt werden, schauderte mich nicht einmal. Warum das Wasenmeisterei heißt, habe ich nie verstanden. Vielleicht hat es etwas mit Verwesen zu tun, spekulierte ich, bis meine nüchterne Stimme mich zur Einsicht zwang. Tot ist tot. So ist das mit dem Leben, wenn es zu Ende geht und der Meister aller Wesen kommt, um sie einzusammeln. Leon, der Mann an meiner Seite, hielt mich fest.

Auf dem Heimweg stützten wir uns gegenseitig, um nicht taumelnd durch das Quartier zu stolpern. «Dafür gibt es keinen Grund», fand er. «Außerdem, dass alles vorbei ist», brachte ich kläglich hervor. Meine Katze hatte lange gelebt, sie war alt geworden. Die Tränen flossen erst, als ich daran dachte, wie viel Schönes ich mit diesem Geschöpf erlebt hatte. Aber vielleicht ist das mit einem Haustier immer so. Es kann uns nichts entgegnen. Es muss sich unseren Vorstellungen fügen und ist uns ausgeliefert. Wenn ich heute daran denke, dass ich mit Maxa, so nannte ich meine edle Angorakatze, wirklich nur ... fange ich gleich wieder an zu heulen.

Nach ihrem Tod erschien uns Maxa überall. Das ist so unüblich wie banal, aber für uns war es ein Zeichen, dass sie irgendwie noch da war. Ihre Gegenwart war mit dem Verlust sogar noch spürbarer geworden. Ich sah sie in jedem Schatten, und ich sah ihren Schatten, wo keiner war. Im Badezimmer strich sie mit aufrechtem buschigem Schweif, dessen Spitze immer leicht vibrierte, um meine Beine, und in der Küche hörte ich ihr leises Miauen vor der Glastür, die auf den Balkon führte. Dann wieder erblickte ich sie unter dem Büchergestell. Sie lag eingerollt unter dem Teppich aus Schirwan.

Maxa war eine zweijährige Katze mit Vergangenheit, als ich sie im Tierheim kennenlernte. Ihre Besitzer hatten sie dort abgegeben. Anstatt das Kistchen zu benutzen, hatte sich das Tier, aus purer Eifersucht auf den neugeborenen Säugling, die Schlafstätte des jungen Paares zum Pinkeln ausgesucht.

Als Maxa ins Heim kam, hieß sie Chili. Mit einem kaum hörbaren *Äk* war sie auf mich zugekommen, und als sie noch ein zweites *Äk* von sich gab, hatte ich ihr bereits mein Herz geschenkt. Der schwarze langbeinige Kater mit dem ebenfalls einem Gewürz nachempfundenen Namen Pepper – warum nicht Safran, Zimt oder Ingwer, auf Englisch, versteht sich, Saffron, Cinnamon oder Ginger? –, der aussah wie die Inkarnation der ägyptischen Katzengöttin Bastet und sofort an mir hochgeklettert war, war mir zu stürmisch, und die kleinen Tigerkätzchen, in die ich mich verguckt hatte, brauchten Auslauf. Den konnte ich ihnen nicht bieten.

Die Langhaarige war eine Hauskatze. Chili passte überhaupt nicht zu ihr, fand ich. Chili ist feurig und rot. Maxa war weder das eine noch das andere. Sie war eine Aristokratin, schwarz nur auf den ersten Blick, aber von einem satten Braun, wenn die Sonne sie beschien. Die flaumigen Unterhaare auf dem Bauch hatten die Farbe von Milchkaffee. Auf der Brust zeigte sich ein weißer Streifen, so dass es aussah, als trüge sie eine schmale Krawatte. Ich vermutete, dass Leonidas, der viel später in mein Leben trat, sie deshalb auch *Krevati* rief. *Krevati* ist jedoch Griechisch und bedeutet *Bett*. Mit dem Alter nahm ihr Schlafbedürfnis zu.

Zuerst wollte ich sie einfach, wie das eine Zeit lang Mode war, Katze taufen. Mir gefiel *mačka*, das serbokroatische Wort für *Katze*. Serbokroatisch[14] war einmal eine Sprache in Jugoslawien, bis – gleich nach der Aufteilung des Landes – der politisch korrekte Übereifer diese wieder auseinanderriss. «Sprechen Sie Bosnisch, Kroatisch, Serbisch oder gar Montenegrinisch?», fragte man nun, so wie es sich gehörte, und unterwarf die Sprache, die keine Nationalgrenzen kennt, dem linguistisch fragwürdigen Unsinn der *Divide-et-impera*-Politik.

Aus *mačka* wurde nichts oder eben Maxa. Am Anfang brachte sie mich an den Rand der Verzweiflung. Nachdem ich sie eingepackt und mitgenommen hatte, verkroch sie sich zunächst ganz hinten unter meinem Pult, zwischen Schreibpapier und alten Kartons, die ich irgendwann wiederverwenden wollte. Dort kauerte sie, ohne sich zu rühren. Wenn ich nachschaute, sah ich, je nach Lichteinfall, zwei funkelnde Augen, aber sie selbst regte sich drei Tage lang nicht. Am vierten Tag wagte sie sich von Hunger und Durst getrieben hervor, fand den Fressnapf, um sich sogleich wieder zuhinterst in die ihr vertraute Ecke zu verdrücken.

Ich war jung und ungeduldig. So konnte es nicht weitergehen! Doch es ging so weiter, bis ich mich entschied, das Tier, das sich so offensichtlich nicht an sein neues Zuhause gewöhnen konnte, zurückzubringen. Katzen sollen ja, wie wir Menschen auch, einen sechsten Sinn haben; der rettete sie vor einem erneuten Umzug. Der alte Katzenkoffer aus Weidengeflecht, in den ich Maxa verstaut hatte, war gut verschlossen und stand bereits im Flur meiner Wohnung. Das Taxi war bestellt. Nur schnell die Schuhe angezogen, und mit dem Korb in

---

14 Snježana Kordić, 2010, Jeziki i nacionalizam
Die kroatische Linguistin vertritt die These, dass alle vier Sprachen aus der Konkursmasse des Serbokroatischen als eine plurizentrische Sprache aufzufassen seien wie beispielsweise Deutsch und Englisch. Ihre Sprecher können sich ohne Dolmetscher problemlos verstehen.

der Hand und der neurotischen Katzendame zurück ins Tierheim. So jedenfalls hatte ich mir das vorgestellt. Als ich aber den Korb hochnehmen wollte, war er leicht und leer! Maxa hatte all ihre Kraft aufgebracht und den Verschluss am Deckel gesprengt, was sie davor bewahrte, erneut heimatlos zu werden. Wieder verharrte sie an ihrem Lieblingsplatz. Ich kniete davor und sprach etwas von *letzter Chance*.

Von da an war die Zeit des Schmollens vorüber. Sie wurde anhänglich und gesellig. Klingelte jemand an der Glocke, tänzelte sie mit federnden Schrittchen zur Tür und wartete neugierig davor, wer wohl die Treppe heraufkommen würde. Kaum hatte sich der Besuch auf dem Sofa niedergelassen, war sie auch schon mit einem Satz neben ihm und wollte seine ungeteilte Aufmerksamkeit. Sie liebte es, im Mittelpunkt zu stehen und in sämtlichen Sprachen bewundert zu werden: *Bezaubernd*, *ravissante* und *encantadora* nannten sie die Gäste. Maxa schnurrte dazu in der passenden Tonlage. Sie freute sich über jeden, der ihre Grazie und Schönheit würdigte. Nur sollte der bald wieder gehen. War das nicht der Fall, kehrte sie zu ihrer alten Angewohnheit zurück. Sie wählte dafür Kissen und Bettbezüge. Es nützte nichts, ihr Näschen gewaltsam in die scharf riechende Flüssigkeit zu drücken und sie danach anzupusten, was alle Katzen hassen. Doch schließlich führte der Ratschlag einer Freundin, die Erfahrung hatte mit Eifersucht und Eifersucht bei Katzen, zum Erfolg. Ich sollte Maxa die doppelte Portion Aufmerksamkeit schenken. Ich gab Maxa meine volle Zuwendung, worauf der Besuch, der ohnehin viel zu lange geblieben war, sich vernachlässigt fühlte und ging. Für Maxa und mich begann eine fantastische Zeit.

Ich lernte mit ihr die Kunst der wortlosen Kommunikation; zunächst über Blicke und Gesten. Dann gewöhnte ich mir an, sie, wo immer ich war, im Geist herbeizurufen. Wie ich das anstellte, kann ich nicht genau erklären. Wenn ich im Bett lag, glitt ich in eine Art Halbschlaf, in dem ich versuchte, mich auf ihre Wellenlänge einzupendeln. Es dauerte nicht lange, da spürte ich ihre sanften Pfoten auf meinen Oberschenkeln, bevor sie sich neben meinem Kopf aufs Kissen bettete. Ich begann unsere Zwiesprache zu verfeinern, indem ich ihr mit meinen Gedanken auch den Ort zuwies, auf dem sie sich niederlassen sollte: Nicht Kissen, sondern Stuhl. Es funktionierte. Katzensprache ist nicht einfach zu lernen. Wie bei jeder Sprache, die kommunikativ sein soll, kann sie nur zwanglos und fließend gelingen. Maxa verstand mich über Distanz. Ich hingegen verstand sie nur, indem ich sie sah, berührte, hörte oder roch. Wollte ich mir eitel beweisen, dass ich über die magische Fähigkeit verfügte, meine Katze telepathisch herbeizurufen, geschah überhaupt nichts.

Maxa war viel unterwegs. Mit ihr im Gepäck reiste ich nach Genf, wo ich mehrere Monate blieb. Mit ihr flog ich zu meiner Freundin nach Cornwall. Maxa begleitete mich nach Teheran.

Während des Starts deponierte ich sie auf der Toilette, von wo aus ihr heiseres Raunen die Passagiere, die neben mir saßen, in nervöse Unruhe versetzte. Die anderen mussten an Tierquälerei denken – das nahm ich jedenfalls an –, denn auch ich hatte dieses Gefühl. Mir schnürte es vor Scham und Schmerz das Herz zusammen. Als wir endlich in der Luft waren, durfte ich das Körbchen mit der Katze zu mir holen. Maxa verhielt sich während des ganzen Fluges vorbildlich. Am Schalter des Flughafens von Teheran kontrollierte der Beamte den Sitz meines Kopftuchs und meinen Pass mit dem Visum der Botschaft der Islamischen Republik Iran in Bern. Er tippte die Nummer in den Computer, während die Katze in ihrem Reisekorb zu meinen Füßen stand und sich nicht rührte. Warum blättert der nur so lange in meinem Pass, fragte ich mich. Unter meinem

Kopftuch wurde es heiß. «Alles in Ordnung!» Ich schnappte den Transportkoffer mit dem lebenden Schmuggelgut und begab mich zur Gepäckausgabe, wo ich meine Koffer in Empfang nahm. Anschließend stellte ich alles auf das Förderband, an dem eine in die blaue Staatsuniform gehüllte, junge Frau saß. Stur richtete sie ihren Kontrollblick auf die vorbeiziehenden Taschen, Koffer und Pakete. Manchmal zeigte sie auf ein Gepäckstück, das ihr auffiel und zur Seite genommen werden musste. Dann hielt sie das Band an. Hoffentlich geht alles gut. Der Katzenkoffer wollte gerade an ihr vorbeiziehen, als er zum Stehen kam. Die Beamtin vergaß ihre Pflicht, als sie Maxa erblickte. Sie streichelte diese durch das Gitter und strahlte abwechselnd der Katze und mir ins Gesicht. Wie schön sie sei, ganz wie Seide. «Abrisham», hörte ich sie flüstern. «Willkommen in Iran!», sagte sie. Maxa hatte einen neuen Namen bekommen.

Abrisham nannte sie auch der hinkende Hausangestellte meiner Freundin Pari, die ich in meiner Jugend bei einem Ausflug auf die Rigi kennengelernt hatte. Die iranische Bergsteigerin und ich blickten damals schweigend in die aufgehende Sonne. Ich blieb drei Monate bei Pari und ihrer Familie in Teheran, bevor ich die Stadt überstürzt verlassen musste. Mein Visum war abgelaufen. Mit schlechtem Gewissen ließ ich Maxa bei Paris Familie.

Als ich nach knapp einem Jahr zu ihr zurückkehrte, wollte sie mich nicht kennen. Auch ich erkannte sie nicht wieder, denn meine einst schwarze Katze zeigte sich in neuem Fell. «Das Regime in der Islamischen Republik kann einem ganz schön zusetzen», spottete ich zunächst, weil ich nach einer Erklärung für ihre graue Haarfarbe suchte. Als ich erfuhr, dass Pari ihren Gärtner entlassen wollte, entfaltete der Begriff *Regime* seine ganze Tragweite; der Angestellte hatte die für Maxa vorgesehenen Nierchen selbst gegessen und meine Katze mit dem übriggebliebenen Reis auf Diät gesetzt. Innereien sind teuer und zählen in Iran zu den Delikatessen. Kein Wunder, dass Maxa unter der fleischlosen Schonkost über Nacht ergraute und am Bauch weiß geworden war.

Es dauerte eine Zeit, bis wir wieder zueinander fanden. In der Schweiz bekam sie langsam ihre alte Farbe zurück. Was ihr jedoch blieb, war dieses langgezogene *Wrrraun*. «Wrrraun», raunte sie abends oder untertags grundlos in einem Mezzosopran, und immer war ihr Blick dabei gegen die Wand gerichtet. Wie schnell das geht, dachte ich mir. Zuerst der Kulturschock und dann die Anpassung an eine verordnete Kultur der Klage. Ihr vornehmes, leicht snobistisches *Äk-äk* schien sie ganz vergessen zu haben.

Mit den Jahren wurde sie unsicher auf den Beinen. Vermutlich funktionierte auch ihr Gleichgewichtssinn nicht mehr. Manchmal schwankte sie und stürzte, aber sie fiel weich. Alles an ihr geriet in Schräglage. Der Kopf kippte leicht zur linken Seite, sodass er ein wenig schief stand. Ihre hinteren Läufe, die einst gerade gewesen waren, begannen mehr und mehr auszusehen wie ein X, wie das X in ihrem Namen Maxa. Buchstaben sind nicht nur Schall und Rauch, stellte ich fest, wenn ich ihr nachblickte. Fast zwanzig Jahre hatte das X Zeit gehabt, um seine Wirkung zu tun.

«Äk, äk». Was war das? Ich musste mich wohl verhört haben. «Äk, äk», räusperte sich das Stimmchen erneut. Ich drehte mich um und sah gerade noch, wie ein Schatten über die Türschwelle entwischte. Sie ist also immer noch da, obgleich sie sich seltener zeigt. Und immer noch – nichts als Freude.

Ins Netz gegangen

Im Netz hatte er sich ihr präsentiert, nicht in Strümpfen und Strapsen, sondern unter www. und so weiter. Der Hobbybergsteiger aus Winterthur war kein Transi, er war ein Mann. Grenzgänger nur insofern, als er alpine Kreten überschritt. Ihn zog es in die Höhe zu schmelzenden Gletschern; Aletsch und was noch von ihm übrig war. Wenig Eis und viel Geröll. Sein Outfit: gelb und markenbewusst, *Wolfskin,* dazu passende Socken, Wanderschuhe derselben Marke und ein Hund – kein Wolfshund übrigens, man muss ja nicht gleich übertreiben. An seiner Seite auf dem Foto hechelte ein schwarzer Labrador. Dass er hechelte, war anzunehmen, da ihm die Zunge seitlich über die Lefzen hing. Nicht schlecht, dachte sich Nicole, nachdem sie das Bild geprüft hatte. In ihrer Vorstellung kraulte die Frankophile den Hund bereits unter dem Halsband, weil ihr das Tier so «labradorable» vorkam, obschon sie eigentlich Katzen vorzog. Sein Herrchen hatte eine Halbglatze wie viele Männer in seinem Alter, aber ein durchaus passables Kinn: ein wenig Clooney-artig. Auf der Porträtaufnahme war er besser zu erkennen. Er liebe die Natur, hatte er ihr geschrieben, die Kultur, Filisur in Graubünden und noch viele Dinge, die auf -ur endeten. Nicole, die zu reimen begonnen hatte, fand alle möglichen Wörter mit -ur am Schluss und entdeckte ihn anhand einer Endung, was sie amüsant fand: Winterthur, Partitur, Velotour, Frischzellenkur.

In Begleitung seines Hundes läutete er an einem Sommersamstag gegen neun an ihrer Wohnungstür. Durch das Guckloch erblickte sie einen Strauß aus blauen Kornblumen, rotem Mohn und Margeriten, hinter dem er sich versteckt hielt. Als sie die Tür öffnete, zwängte sich der Hund schwanzwedelnd in die Wohnung. Sie blickte zu Boden und spürte sofort, dass sie irgendetwas störte. Sie ahnte nicht, was und dass es gar nicht so winzig war.

Die anderen Gäste, die über den neuen Besuch bereits kurz in Kenntnis gesetzt worden waren, saßen schon über eine Stunde hungrig auf dem Balkon. Im Hintergrund sang eine Frau. Es sollte ein spanischer Abend werden, und der beginnt bekanntlich nicht zu früh. «Flor de Piel», kommentierte der Besuch, und Nicoles Herz klopfte freudig, denn er hatte die Sängerin erkannt und besaß somit etwas, was für sie wesentlich war: Kultur. Sie stellte die Paella mit sämtlichen Meeresfrüchten, die die Delikatessabteilung von Manor anzubieten hatte, auf den Tisch. Es ertönte ein langgezogenes Mmm. Die Freunde zerkauten den Oktopus und sprachen über den letzten Film von Almodovar, bevor sich Nicole an die Seite des breitschultrigen Kandidaten setzte. Der Hobbybergsteiger streute von Zeit zu Zeit eine Prise Bildung in die Runde, was recht anregend war, da er zunächst noch behutsam damit umging. Nicht einmal die Ausstellung von Miriam Cahn konnte ihn verunsichern. Im Gegenteil, er verlegte sich ganz auf die Farbgebung und pries die radikale Verführung der Farben als berauschend. Er genoss den Wein, der seine Zunge lockerte, und fühlte sich bald in Hochform. Leider entglitt ihm das Gespür für die Anwesenden mit jedem Glas, das er in sich hineinkippte. Viel zu schnell begann er mit Namen um sich zu spucken wie ein Andenlama, wobei er die Gastgeberin mit einer derart dicken Schicht Schmelz überzog, dass sie sich selbst darunter abhanden zu kommen drohte. Dem Ehepaar aus Lateinamerika kam es vor, als drehte da einer, dem die Luft zu dünn geworden war, im Dreivierteltakt, wechselte mittendrin den Rhythmus zum Tango und hüpfte dann makakenartig enthemmt vom Popocatépetl zum Nanga Parbat, bevor er bei irgendwelchen mongolischen Schamanen – ach, wie hießen sie doch gleich – in – wie sagt man doch gleich – angelangt war. Dann verstummte er.

Nicole schaute zu ihrer Busenfreundin hinüber und verdrehte die Augen. Doch die schien mit dem Bewerber um die Wette getrunken zu haben und ließ sich, fasziniert von den verbalen Ergüssen der Internetbekanntschaft, auf weinseligen Wellen treiben. Floating hin und Floating her, die Bedeutung Busenfreundin etwas gar zu wörtlich nehmend. Nicoles Freundin drückte dem Gast aus Winterthur ihren Busen entgegen. Nicole starrte auf die sich mit seismischer Gewalt hebenden Hügel, die auf den verschränkten Armen ihrer Freundin lagerten.

«War sie einmal zu Wort gekommen? Hatte er sie einmal etwas gefragt?», überlegte Nicole, als der Kopf des Bergsteigers nach links kippte und seine Zähne an ihrer rechten Schulter zu knabbern versuchten, die das schiffchenförmig ausgeschnittene T-Shirt wie zufällig freigelegt hatte. Sie roch nach Zitrone und Bergamotte und ragte hervor wie eine Sorbetkugel, kalt und eisig. Gelato al limone. Der Alpinist aus dem Internet aber war aufgetaut. Nicole wich den glasigen Augen aus, indem sie brüsk aufstand, während er noch etwas von Anknabbern lallte.

Was sie unter dem Tisch sah, ernüchterte sie vollends. Auf den Klinkerkacheln des Balkons ruhte der Kopf des braven Hundes neben einem Paar grauer Turnschuhe, zwei klobigen Nachen, auf denen übereinander gekreuzt die Füße lagerten. Durch die Löcher der Socken lugten die Zehen des rechten und linken Fußes hervor. Oben Wolfskin und unten Wolfowitz, dachte sie. Seit sämtliche Medien über die Löcher in den Socken des ehemaligen Weltbankchefs beim Besuch der Blauen Moschee von Istanbul berichtet hatten, hatte sich der Name in ihrem Gedächtnis eingenistet. Das war's also gewesen. Sie konnte nichts dafür, aber was einer an den Füßen hat, worauf er steht, war ihr eben nicht gleichgültig. Mit einem Schaudern fiel ihr der Verleger aus Dortmund oder Stuttgart ein. Der war zum ersten Date in Motorradkluft und spitzen Cowboystiefeln angereist, einem Patchwork aus Schlangenlederimitat. Die Vorlieben der Spezies Mensch sind bekanntlich vielfältig, die der Spezies Mann allerdings beschränkt. Und da die Frau ebenso auf ihre Vorstellungen fixiert war, fragte sie sich nicht einmal mehr, ob sie das mit den Turnschuhen und Socken wohl je hätte ändern können.

Die feuchten Augen der Freundin hatten mittlerweile etwas Fischähnliches angenommen. Ihren offen stehenden Mund verschloss sie nur, um in regelmäßigen Abständen kreisrunde Wörter von sich zu geben: Die Sätze begannen immer gleich mit einem runden O – dann folgte ein nasses S, dann wieder ein O. O so interessant, o so lustig, o so, und sie schnappte nach irgendeinem Adjektiv oder lachte noch etwas aufreizender, um doch noch vom Turnschuhmann bemerkt zu werden. Wann nur würde er sich endlich von Nicole abseilen? Sie presste die Brüste noch fester zusammen. Er sollte weich fallen.

Vielleicht lag es am Abendessen, dass der Gastgeberin alles so schlüpfrig vorkam. Muscheln haben's in sich. Salzwasser füllte ihre Augen, sodass die Anwesenden im Schimmer der flackernden Kerzen zu tauchen schienen. «Möchte noch jemand einen Kaffee?», fragte Nicole und eilte in die Küche. Jetzt oder nie, dachte der Bergsteiger und stolperte bei der Verfolgung über die Schwelle, an der er sich die rechte Zehe anschlug. Der Alkohol wirkte schmerzverzögernd, sodass er nichts spürte. Diesmal galt seine Attacke Nicoles Nacken. Kaum war er zum Angriff übergegangen, stand auch schon die Busenfreundin in der Tür. Ein letzter Versuch ihrerseits: «So, ich muss», sagte sie und zu ihm gewandt: «Wir könnten doch noch ein Stückchen zusammen gehen.» Wie auf Kommando erhoben sich alle, ohne den Kaffee abzuwarten. Es war genug. Beim Abschied flüsterte der Abgewiesene der Gastgeberin verschwörerisch ein «Ich ruf dich am Mittwoch an» ins Ohr.

Vier Tage später, es ging gegen Abend des besagten Mittwochs – wieso wartete sie eigentlich immer noch auf diesen Anruf? –, klingelte nichts. Sie konnte nicht ahnen, dass er mit Herzrasen vor seinem Telefon saß und trotz der Pillen, die er wie immer eingenommen hatte, nicht den Mut fand, die Taste zu drücken; ihre Nummer hatte er bereits gespeichert. Wieder ein Flop, dachte Nicole. Sie hatte endgültig genug von Männern, sprach's, setzte sich vor den Computer und war schon wieder im Internet: Weh, weh, weh. Punkt. Partner, oder wie hieß das nur?

Der Nächste ließ sich gut an und kam schneidig daher. Ein bisschen zu schneidig, wie sie später bemerkte. Selbst sein Name begann mit diesem glatten Start. Schneiter hieß er, Alexander Schneiter. Alexander Schnei…, aber dann schrieb er sich mit einem harten T. Dieser Buchstabe war das Omen. Da hätte sie aufhorchen, die Öhrchen spitzen und auf Empfang stellen sollen. Da hätte sie aufhören oder zumindest einen Gang runterschalten sollen. Mit einer Vollbremsung mitten auf der Strecke hatte sie nicht gerechnet. Sie hätte auch aufjaulen können, aber wenn die Sinne walten… Wenn er in ihre Nähe kam, wurde ihr heiß. Wie konnte er da nur Schneit-er heißen? Keine Spur von Schnee. Kein Eis weit und breit. Und zum Glück: keine Gletscherwanderungen in spe.

Zuerst beschränkte sich der Kontakt der beiden auf das Internet. Da geht es meistens, wie wir schon erfahren haben, um «Ich mag oder ich mag nicht». Er war raffinierter, gab sich nicht so schnell preis. Literarisch gab er einiges auf Nabokov. Nicole wiederum schwärmte von Duras; schwül, schwitzend und feucht. Und beide wussten, wovon sie mailten, aber nicht, was der andere damit meinte. Zurzeit liege ein Sachbuch über die Ekstasetechniken der Qhadiri-Derwische auf dem Boden neben ihrem Bett, denn einen Nachttisch habe sie keinen, und sie verriet ihm ihr Geheimnis. Turnschuhe könne sie nicht ausstehen. Diese Kombination von handfester Sinnlichkeit und Spiritualität gefiel ihm. Sie möchte sich also verlieren, dachte er. Da könne man etwas draus machen. Er pflegte sie kurz vor Mitternacht aus dem Bett und vor den Laptop zu locken, in der Absicht, ihr mit den homöopathischen Injektionen seines Schreibens Begehren einzuflößen.

«Ich weiß nicht, was ich bei dir wecken darf», hatte er in einer seiner ersten Mails verlauten lassen. Sie ließ sich erwecken und entdecken. Er schrieb ihr Tiefsinniges und schickte es ihr. Je weiter er sie schreibend entblätterte und sie sich reflektiert fand, umso enger zog er seine Fäden. Sie hatte noch nicht mal ein Bild von ihm gesehen!

Später enthüllte er ihr seine Stimme am Telefon: ein Bariton. Die Sprache kam geschliffen daher, seine Zunge weckte Verheißungen, um diese kurz darauf wieder von sich zu weisen.

Er hatte gute Vorarbeit geleistet, bis sie sich zu einem verregneten Essen am Ufer der Aare trafen. Keine Spur von Schnee, nur Fließen als Aggregatzustand. Was sein Schuhwerk betraf, so hatte es Stil. Er nannte sich Al, und der Name erinnerte sie an einen Halbgott. Es fehlte nur die Silbe *Lah,* die ihn ergänzen würde.

Es vergingen Wochen, bevor dieser Verbalerotiker, der sie anzog und abstieß zugleich und sie in seinen Worten zur *Femme fatale* erkor, Nicole eines Tages am Telefon als hübsches Ding titulierte. Das war selbst ihr zu viel. Von nun an würde sie ihn schmoren lassen. Aber er meldete sich nicht mehr.

Als sie, nach nächtlichen Fressattacken, die sie immer wieder zum Kühlschrank trieben, weil seine Mails und Anrufe ausblieben, und nach stundenlangen Telefongesprächen mit ihrer Freundin, endlich die Wahrheit erfuhr, war es zu spät. Sie passte nicht mehr in die Cavalli-Jeans, auch wenn sie sich aufs Bett legte und den Bauch einzog.

Ihre Busenfreundin – vergessen und vergeben war, wie diese sich auf den Kandidaten mit dem Labrador, den sie beide nur noch das Schaf im Wolfspelz nannten, gestürzt hatte – pflegte dieselben Praktiken wie sie selbst: Sie surfte durchs Netz, in der Hoffnung, dort endlich auf einen Mann zu stoßen. Sie war es dann auch, die die Verzweifelte rettete. Nicole erklärte ihr unter Schluchzen, was dieser Typ ihr alles gesagt oder geschrieben hatte. Es kam der anderen bekannt vor. Und während die eine die Affäre verfluchte und gleichzeitig deren Fortsetzung ersehnte, versuchte die andere das, was ihr schwante, dingfest zu machen.

«Ich weiß nicht, was ich bei dir wecken darf. Hat er das gesagt?», fragte Nicoles Freundin. Das hatte sie schon einmal gehört. Es war nicht aus einem Film, den sie gesehen, es war nicht aus einem Buch, das sie ... «Ach du meine Güte!» Nicoles Freundin erzählte, dass sie in ihren einsamen Nächten am Computer zufällig auf einen Blog gestoßen war, sich aber nicht viel dabei gedacht hätte. «Da hat einer alle seine Frauenbekanntschaften ins Netz gestellt. Es interessiert ihn, die femininen Tiefen und Untiefen zu ergründen, hat er noch dazugeschrieben», erklärte sie. «Ein Perverser, hab ich mir gedacht, denn er teilte die Reaktionen der Frauen auf seine Anmache in die Kategorien S und M.» Die Freundin stellte einen zweiten Stuhl vor den Computer. Beide starrten auf den Bildschirm. Unter www.insnetzgegangen.com hatte Al Schneiter, ein Pseudonym, wie sich herausstellte, seine Affären zur Schau gestellt. Aufgespießt auf Wortlanzen und alphabetisch geordnet wie eine Sammlung bunter Schmetterlinge. Ihre Geschichte war unter M zu finden und begann mit den Worten: «Nicole fuhr voll darauf ab.» Nicht einmal den Namen hatte er geändert.

Von West nach Ost und zurück

In jenem östlichen Land herrschte ein anderes Gesetz. Dort schien sich die Erde schneller um die Sonne zu drehen als um sich selbst, was den gewohnten Zeitablauf völlig durcheinanderbrachte. Die Jahre verflogen im Nu, während sich die Stunden und Tage schwer auf die Rücken der Menschen luden. Nicht, dass es wirklich so gewesen wäre. Auf der Erde gibt es bekanntlich keinen Ort, wo die kosmische Ordnung einfach aufgehoben werden kann. Auch nicht in einem Gottesstaat wie Iran, in dem eine Horde bärtiger Männer sich im Namen eines Buches dazu berufen glaubte. Sie herrschten in der Republik der Unterwerfung[15]. Die Ansage war eindeutig. Die Hingabe an etwas Jenseitiges, an etwas außerhalb des eigenen Ichs, bestimmte das Leben in der Öffentlichkeit. Großeltern, Eltern, Kinder und Enkel hatten sich danach zu richten. Doch zwischen Öffentlichem und Privatem klaffte ein Abgrund. Niemand wollte hineinstürzen.

Über Jahre hatte die Mutter die Heimkehr ihres nach der *Revolution* verschwundenen Sohnes herbeigesehnt. Nachdem zuerst das Lachen in den Parks und Alleen verstummt war, begann im trocken gelegten Swimmingpool das, was der Wind zusammengefegt hatte, zu verdorren. Die Mutter hatte auch ihr mor-

---

15 Die offizielle Staatsbezeichnung ist *Islamische Republik Iran*. *Islam* ist arabisch und bedeutet Hingabe oder Unterwerfung.

gendliches Schwimmen aufgegeben. Nun fing sie an, die Ödnis in ihrem Herzen mit Gebeten vollzustopfen, in der Hoffnung, ihren Sohn wiederzusehen. Irgendwann verschwand auch die Hoffnung; die Gewohnheit zu beten aber blieb.

Ihre *Bismillahs*[16] stiegen weiterhin in die Luft. Die einen erinnerten sie an *Päris*[17] oder flatternde Engel. Die anderen, denen die Mollahs und Religionswächter den Glauben gänzlich ausgetrieben hatten, verglichen sie mit den Abgasschwaden, die stinkend und rußig über der Metropole schwebten. Wie auch immer; beides verhinderte die direkte Sicht zum Himmel.

Mehrmals täglich überfiel die Mutter dieser Drang zur Seelenhygiene, den sie mit den am Radio durchgegebenen Gebetszeiten koordinierte. Dann warf sie sich den hellen Schleier über und drehte sich so, dass die Verlängerung ihres Blicks Mekka erreichte. Obschon sie eines Morgens feststellte, dass sie sich in der Richtung geirrt hatte und nach Nordwesten schaute, blieb sie dabei. Sie ersetzte die Kaaba einfach heimlich durch die Kathedrale von Notre Dame. Paris war und blieb ihre Lieblingsstadt.

Eines Tages, als sie gerade ihr Glaubensbekenntnis flüsterte, und die Sonne im Zenit stand, zerschnitt ein Klingeln das sonore Gemurmel ihrer Stimme. Es vergingen einige Augenblicke, bevor es bis zu ihr durchdrang. Mechanisch bewegten sich ihre Lippen weiter. Dann erhob sie sich mühsam und sperrte die Wohnungstür auf.

---

16 *Im Namen des barmherzigen und gnädigen Gottes (bismi 'llāhi 'r-raḥmāni 'r-raḥīmi)* lautet die Formel, die vor Beginn verschiedener (ritueller) Tätigkeiten gesprochen werden muss. Z. B.: Verlesen öffentlicher Texte, Lesen des Korans, Gebete, rituelle Waschungen, Verspeisen von Nahrung oder Geschlechtsverkehr.

17 *Päri/ha(pl.)* sind feenähnliche, geflügelte Fabelwesen der persischen Mythologie oder geisterartige Wesen, die auf einer Stufe zwischen Engel und Mensch stehen.

Sie erkannte ihren Sohn nicht mehr, denn sie war im zäh dahinfließenden Stau der Erinnerung stecken geblieben, die Gestalt eines Jünglings vor sich, der mit Zukunft gegangen war. Er aber war als Mann mit Vergangenheit heimgekehrt. Zu einem solchen Mann gehörte eine Anzahl Kinder. Nach einem Vierteljahrhundert hatte er zurückgefunden in die ihm abhanden gekommene Heimat im Nahen Osten. Die Alte fand, dass ihr Junge gewachsen war, denn sie reichte ihm nur noch bis zu den Schultern. Und weil sie sich immer an anderen orientierte, entging ihr dabei, dass auch sie sich verändert hatte und kleiner geworden war. Er hingegen stellte fest, dass das Auftreten der Mutter sich – abgesehen von den unverständlichen Litaneien, die sie zum Himmel schickte – kaum gewandelt und sie nur wenig von ihrer früheren Dominanz eingebüßt hatte. Obschon sie sich gekrümmt mit einem Gehstock fortbewegte, diente dieser ihr zusätzlich als Taktstock, mit dem sie dem Nachwuchs ihrer Familie den Rhythmus vorgab.

Zu ihrem Orchester gehörten bereits mehrere Enkel. In dieser östlichen Gegend pflegten viele Mütter die Ankunft eines Sohnes mit einem dreifachen «Bäh, bäh, bäh» zu begrüßen, während die Töchter mit einem etwas verhaltenem «Bäh, bäh» rechnen konnten. Männliche Nachkommen steigerten das Ansehen der Mütter, die ihre Söhne wiederum dazu anhielten, Stammhalter zu zeugen. Eine Erklärung dafür, weshalb das männliche Geschlecht derart euphorisch begrüßt wurde, findet sich in jedem Soziologielexikon unter dem Stichwort Patriarchat. Dieses soll sich auf Grundbesitz, Erbfolge und Sesshaftigkeit stützen. Der Mutter, die sich auf den Stock stützte, ging es um etwas anderes. Als Großmutter hielt sie die Enkel an den Zügeln der Liebe fest und unterwarf sich das Dreiergespann, indem sie es mit immer neuen Fäden umgarnte und so in ihrem Netz zappeln ließ.

Und wonach fragte sie als Erstes, als sie begriffen hatte, dass der verlorene Sohn keine Traumerscheinung war, sondern leibhaftig vor ihr stand? Erraten. «Bäh, bäh, bäh», kam die Antwort. Zweimal. Zunächst für Lori und dann für Lari. Schließlich umarmte sie ihren Helden, der es nicht übers Herz gebracht hatte, seiner Mutter die Wahrheit zu sagen, weil er sie nicht enttäuschen wollte.

Wenn die Enkel erst einmal hier wären, würde sie über eine bescheidene Privatgarde verfügen, die sie unter ihrer Führung sanft abrichten wollte. Endlich war ihre Zeit gekommen. Die verspätete Rache galt Vater, Bruder und Gatten oder dem Schicksal, als Mädchen geboren zu sein. Über drei Generationen hatte sie ausgeharrt. Nun sollte sie das bekommen, was ihr schon lange zustand; das ungeteilte Kommando. Auch über Lori und Lari, die dazu ausersehen waren, etwas ganz Besonderes zu sein.

Die Enttäuschung folgte auf dem Fuß. Ihr Sohn und seine ausländische Frau hatten die Wunschenkel nicht mitgebracht. Ein Platzregen von Fragen prasselte auf die Fremde nieder. Die Buben seien in der Obhut ihres Bruders, sie gingen zur Schule, und sie vermisse sie sehr, entschied die Frau. Sie stammte aus einer Gegend, wo Kinder nicht dazu erfunden werden mussten, um einen soliden Lebenswandel zu legitimieren. Der Mann, der es im Westen zu etwas gebracht hatte, gab sich zunehmend stolz auf seinen Nachwuchs. *Wie aus dem Gesicht geschnitten,* seien ihm die Buben, behauptete er unter Bezugnahme zur deutschsprachigen Metapher. Aber die Verwandten glaubten ihm nicht, denn da war keine Narbe in seinem Gesicht, die ein Schnitt hätte hinterlassen müssen. Sie konnten mit der Redewendung nichts anfangen.

Die Frau erzählte, dass Lori ihr ähnlich sehe und grüne Augen habe. Der Mann meinte, dass er vielmehr ihm gleiche mit seinen ausdrucksvollen schwarzen Augen. Stark seien beide, mutig, sportlich und gescheit, o ja, zwei richtige Lausebengel. Das Paar begann zu streiten. «Grüne Augen», zischte sie. «Schwarze Augen», konterte er. Die Fremde schluckte und schwieg.

Von der Musikalität Loris berichtete sie den neugierigen Verwandten. Er habe eine Stimme, die selbst den Vater zum Weinen bringe. Seine Stimme, übertrieb der Vater, bringe die Wände zum Zittern, so viel Energie stecke in ihr.

Lari sei jetzt zwölf und ein zarter Junge, sagte die Frau. Die Augen des Mannes glühten, während er den Gesprächsfaden, an dem der Jüngere hing, wieder in seine Richtung zog und weiterwebte. «Er ist der beste Fußballer im Kinderklub», ereiferte er sich. Wie ein Widder stürme er auf den Ball zu und kicke ihn dann so geschickt und kraftvoll ins Tor, dass kein Torhüter ihn abfangen könne. «... Waden aus Eisen ...», hörte die Frau, die Fußball hasste, ihn sagen. Sie konnte es nicht fassen. Ihr Mann entglitt zusehends in eine mythische Zeit von Kämpfern und Helden. Hätte der junge Sohrab als Kind Fußball gespielt, hätte ihn der Dichter Ferdowsi im *Buch der Könige*[18] bestimmt ähnlich in Szene gesetzt. Die Großmutter nickte zufrieden.

Die Verwandten schauten einander an. «Habt ihr denn kein Foto dabei?» – «Ein Foto? Nein.» Erst da fiel ihnen auf, wie absurd alles war. Dass sie kein einziges Foto besaßen, obschon sie ihre Lieblinge andauernd fotografiert haben mussten.

Selbst die vom Land in die Stadt gezogenen Nachbarinnen hatten von den Gästen aus dem Westen gehört. Sie klopften an

---

18 Schähnäme, Abu'l-Qāsim Ferdowsi (940–1020) ist das berühmteste Werk der persischen Literatur und zählt zur Weltliteratur. Das in Distichen geschriebene Epos ist mit 60 000 Versen doppelt so lang wie die Epen Homers.

die Tür, um sie zu besichtigen. Schon zwängten sie sich herein, versanken im Sofa und blieben sitzen. Während die Frauen ein Glas Schwarztee nach dem anderen leerten, lutschten sie gelbe Zuckerscheibchen. Das Gespräch drehte sich immer noch um die Enkel. Eine fragte zum Entsetzen der Fremden, wie lange sie die Knaben denn gestillt habe, und glitt mit den Augen über ihre Brüste, dass diese zu schmerzen begannen. Dicht drängten die Körper sich zusammen, um mehr über das Geheimnis dieser Mutterschaft zu erfahren. Die Frau stellte sich vor, wie Sohn Lari mit gesenktem Kopf hereinstürzte, die Frage um die Muttermilch auf seinen Widderhörnchen aufspießte und mit sich nahm. Es wirkte, sie schwieg, und die aufsässige Nachbarschaft rückte von ihr ab.

Die Schwägerin streichelte ihr die Wange und drückte sie an sich. «Wie hartherzig von dir, der Mutter die Kinder zu entreißen!», meinte sie und wandte sich an ihren Bruder. Die Fremde schämte sich ein wenig, weil sie niemanden vermisste. Sie sträubte sich jedoch nicht mehr gegen den Gefühlsstrudel, der sie umfloss, auch wenn er nur um ein einziges Thema kreiste. Da sich für sie als Person ohnehin niemand interessierte, würde sich die Besucherin ab jetzt an zwei Phantomen orientieren. Die Vorstellung von Lari hatte sie bereits einmal gerettet. Sie schob die Sprösslinge vor sich her wie andere ihren Kinderwagen. Und siehe da, sie nahmen mit dem Verschwimmen ihrer eigenen Konturen immer deutlicher Gestalt an.

«Je mehr wir uns der wärmenden Energie eines Fremdkörpers ausliefern, umso eher können wir auf die Eigendrehung verzichten», hörte sie sich selbst sagen. Es klang verzerrt und viel zu laut, als ob eine böse Krankheit sich in ihrem Gehirn eingenistet hätte. In diesem auf einem Hochplateau gelegenen Land, wo die Erde der Sonne nicht nur näher war, sondern auch ihrer Anziehungskraft stärker zu unterliegen schien, tat die Hitze das Ihre. Sie taute sämtlichen Widerstand auf. Beinahe hätte sich die Frau ihr ergeben. Da erblickte sie die Hintertür, die sie zu sich selbst zurückführen würde. Sie stand weit offen und – ja, sie führte über das Kinderzimmer. Jeder Streit zwischen ihr und dem ihr mittlerweile ebenfalls fremd gewordenen Mann wurde im Namen der Kinder gebilligt. Alle zeigten Verständnis für ihre Probleme. Zumindest taten sie so.

Der indirekte Weg sollte auch sie zum Ziel führen. Also ging die Schwiegertochter, Schwägerin und frisch gebackene Mutter – im Namen von Lori und Lari, die daheim auf sie warteten – und mit dem Segen der gesamten Familie, ohne Scherben zu hinterlassen.

Mit einem Flugticket von *Iran Air* in der Tasche und dem Schweizer Pass, den sie ganz nah an ihrem Herzen trug, bestieg sie das Taxi zum Flughafen. Dank technischer Präzision gelangte sie auf direktem Weg wieder nach Hause. Als das Flugzeug über Zürich das Fahrgestell ausfuhr, befreite sie sich vom Kopftuch. Erst in ihrer Wohnung nahm sie Abschied von Lori und Lari, die sie seltsamerweise liebgewonnen hatte. Mit ihrem Beistand konnte sie immer rechnen.

Auf Ischtars Fährte

Eigentlich bin ich nicht besonders neugierig. Nicht mehr. Das war früher anders, als meine Frau noch bei mir war. Heute bringt mich so leicht nichts aus der Ruhe. Mein Interesse an den Mitmenschen und ihrem Tun hält sich in Grenzen, was aber nicht heißt, dass ich mich als Misanthrop bezeichnen würde. Ich habe mich bloß dem Breitengrad, auf dem ich lebe, angepasst. Vor zehn Jahren bin ich in den Ruhestand gegangen beziehungsweise gegangen worden, da mein Abschied vom Universitätsbetrieb eher einem Rausschmiss glich. Trotz meines Alters bin ich körperlich und geistig recht rüstig geblieben. Wenn nur dieses trockene Hüsteln nicht wäre. Manchmal, wenn es so kalt ist wie heute, tun mir die Gelenke weh, aber ich will nicht klagen.

In der Nacht zum Stefanstag hatte es geschneit. Von der Reflexion des Schnees geweckt, der die Kammer mit meinem Bett erhellte, zog ich die Decke erneut über die Ohren. Daher begann der heutige Tag etwas später als gewöhnlich. Es war mein Hund, der mich mit seinem Scharren aus den Federn holte. Nachdem ich aufgestanden war, stieg ich die knarrende Holztreppe hinab, zog aus einem Stapel alter Magazine eines hervor und machte es mir am Frühstückstisch gemütlich. Ich trank meinen Kaffee, nicht ohne vorher wie üblich ein Croissant hineingetunkt zu haben. Das Radio spielte eine Beethoven-Symphonie, die sich bereits ihrem Ende näherte. Da mir

die finalen Eruptionen dieses genialen Komponisten, die sogenannten Crescendi, in den Ohren wehtun, rappelte ich mich erneut auf, um die Lautstärke etwas leiser zu stellen.

Als ich die Ausgabe von *GEO* durchblätterte, stieß ich auf einen Bericht über Seebeben und Flutkatastrophen. Ein Seebeben ist ein Erdbeben auf dem Meeresgrund, das das Meer von Grund auf durcheinanderwirbelt. Die aufgewühlten Wellen werden umso vernichtender, je näher sie auf das Ufer zurollen. Ich wusste nicht, dass der Kontinentalschelf sie bremst und sie daher an Länge ab-, aber an Höhe zunehmen. Noch fremder als der Vorgang an sich war mir der Begriff, den ich zuvor noch nie gehört hatte. *Tsunami* lautete er, wie mir die Zeitschrift erklärte. Es sei die japanische Bezeichnung für Hafenwelle. Während ich mir die grafischen Details der sich potenzierenden Wellenstärke eines Seebebens einzuprägen versuchte, hörte ich in den Nachrichten das japanische Wort, das ich soeben gelernt hatte. Es klang mit einer Verzögerung von etwa dreißig Sekunden dem zuvor gelesenen hinterher. Ich traute meinen Ohren nicht und drehte erneut am Knopf des Radios. Eine deutliche, weibliche Stimme erklärte, dass ein Seebeben der Stärke neun einen Tsunami ausgelöst hätte, der über mehrere Inseln ...

Obwohl ich saß, musste ich mich am Tisch festhalten. Mich schwindelte. Mein Kopf fühlte sich wie ein riesiges Wasserbecken an. In ihm schwemmten die Wellen ganze Satzfetzen, die aus *Epizentrum vor Sumatra, Ferienparadies und fliehenden Elefanten* bestanden, mit sich. Ich selbst wurde von der Flut mitgerissen und samt Elefanten durcheinandergewirbelt.

Es mag mit meinem Alter zu tun haben, aber ich bin mir nicht mehr sicher, noch im vollen Besitz meiner geistigen Kräfte zu sein. Könnten meine Gedankenströme nicht von etwas außerhalb von mir bestimmt oder gesteuert werden? Es wäre doch möglich, dass noch jemand auf das, was ich als mein Ich oder Selbst bezeichne, zumindest teilweise Zugriff hat. Kommen Sie mir nicht mit Gott, der Bibel oder gar dem Johannesevangelium; *Im Anfang war das Wort und* ... so weiter. Ich bin Wissenschaftler, nicht Theologe. Am Anfang war ein populärwissenschaftlicher Artikel über Seebeben auf dem Meeresboden, der einen Mann am Frühstückstisch in Beschlag nimmt und ihn durch den Nachklang des Wortes *Tsunami* in den Radionachrichten in eine erweiterte Dimension der Gegenwart katapultiert.

Ich habe mehrere Erdbeben erlebt. Das in Muradiye bei Van mag wohl das schlimmste gewesen sein. Unser Team aus Archäologen war dem untergegangenen Königreich Urartu im Osten der Türkei auf der Spur. Ich erinnere mich gut an das Erwachen. Mit einem tiefen Grollen aus dem Bauch der Erde wurde ich aus dem Schlaf gerissen, bevor alles in ein schreckliches Rütteln und Schwanken überging. Wir hatten Glück. Haldi, dem Hauptgott der Urartäer, sei Dank! Für mehrere tausend Menschen kam die Rettung zu spät. Die Behausungen der lokalen Bevölkerung waren in den frühen Morgenstunden über den Schlafenden eingestürzt. Ein altes Ehepaar, das mit dem Leben davongekommen war, irrte durch die Verwüstung und behauptete steif und fest, dass der Stier, auf dem die Welt ruhe, sich wieder einmal kurz geschüttelt habe.

Wie schnell es einen doch wegzieht, wenn man mit einem Radio und seinen Gedanken allein ist. Wie war das gleich mit dem Deckel und dem Topf? Dem Kopf unter der Decke? Die Luft war stickig. Ich musste raus. Kaum hatte Ischtar meine Absicht, das Haus zu verlassen, erkannt, begann sie freudig, die Lefzen hochzuziehen und zu winseln. Ischtar ist meine Hündin. Dank ihrem im Vergleich zur menschlichen Nase überaus verfeinerten Sinnesorgan, das augenblicklich Witterung aufnimmt, besitzt sie den mir abhanden gekommenen Spürsinn.

Elvira schenkte mir das Tier kurz nach meiner Pensionierung, nachdem meine Frau, aber was erzähle ich da? Ich möchte nicht darüber sprechen. Elvira ist unsere Tochter. Sie kam auf unserer ersten gemeinsamen Grabung in Syrien, in einem kleinen, mehrheitlich kurdischen Dorf zur Welt. Viel früher als geplant, aber das ist auch schon Jahrzehnte her. Wahrscheinlich dachte sich Elvira bei diesem Geburtstagsgeschenk, dass es mir über die entstandene Lücke in meinem Leben hinweghelfen könnte. Eine Art Verkuppelungsversuch, damit ihr einsamer Vater nicht gänzlich in Schwermut verfiel oder so ähnlich. Ganz uneigennützig war dieser Liebesbeweis meiner Tochter sicher nicht gewesen. Er erfüllte seinen Zweck. Kein anderes weibliches Wesen hat seither einen Platz an meiner Seite eingenommen.

Der Neuschnee lockte verführerisch. Als Knabe war ich mit den Kindern der Nachbarschaft um die Wette gerannt, um der Erste zu sein, der das Profil seiner Schuhsohlen im frisch gefallenen Schnee hinterlassen würde. Ich liebe das Muster des Schuhabdrucks im Schnee. Seine deutlich gegeneinander abgegrenzten Ebenen und Täler erinnern mich an Schriftzeichen. Das Beschreiten eines unbegangenen, noch nicht berührten Territoriums kann mir auch heute noch so etwas wie eine *Raison d'être* vermitteln. Ich kann mir vorstellen, was Sie jetzt denken, aber ganz so schlimm ist es nicht.

Ich nahm Ischtar an die Leine und machte mich auf. Die Dächer und die bereits im Spätherbst gestutzten Sträucher in den Vorgärten der Stadt dösten, dick eingebettet in die Stille, die der nächtliche Schneefall mit sich gebracht hatte. Der Himmel schien milchig, als ob es dahinter keine Sonne gäbe. In der Ferne versuchte jemand, den Motor seines Autos in Gang zu bringen. Zu Fuß überquerten wir die Brücke über den Fluss und landeten schließlich im Naherholungsgebiet Erlenwald, wie die Kulturlandschaft in unserer Umgebung an der Staatsgrenze genannt wird.

Ich genoss das Gefühl, mit Ischtar allein zu sein. Niemand war unterwegs. Die Gemüsefelder lagen erstarrt unter der Decke, die sämtliche Geräusche sowohl zu dämpfen als auch zu verstärken schien. Im Frühling wurde dort auch Kohl angepflanzt, den man im Herbst schon von weitem riechen konnte, Er stank fürchterlich. Jetzt sah ich weiß und atmete die Kälte ein. Unter meinen Sohlen knirschte es. Ab und zu hüpfte ein Rabe krächzend aus einem Geäst hervor. Hoch oben kreisten zwei Turmfalken.

Erst als ich ein Bellen in der Ferne vernahm, fiel mir auf, dass die Hündin sich entfernt hatte. «Ischtar», rief ich in die weiße Leere, aber das Tier wollte nicht auf mich hören. Ischtar hat ihren eigenen Kopf. Vielleicht habe ich aber auch nicht die Hand für so einen Hund. Elvira hat mir oft geraten, mit Ischtar eine Hundeschule zu besuchen, aber ich habe sie immer auf später vertröstet. Jetzt sind wir beide zu alt dafür.

Dem Hundegekläff in nördlicher Richtung entgegen stapfte ich durch den Schnee und versuchte, die Fährte der Ausreißerin aufzunehmen. Da sah ich den im Schnee eingesunkenen Abdruck ihrer Pfoten. Er lief neben einer anderen, etwas verwehten Spur aus Fußstapfen einher. Zu meinem Erstaunen war ich also doch nicht der Erste hier draußen. «Hau, hau.» Immer noch schlug die Hündin an. Ich folgte den Spuren, die beide in die gleiche Richtung führten, querfeldein zum Ententeich, wo jetzt keine Enten mehr schwammen. Die stahlblaue Oberfläche des Teichs war zugefroren. Auf dem Eis, nicht weit weg vom Ufer, glitzerte etwas. Weniger als eine Hand breit und etwa einen Meter lang. Was aussah wie eine Feder, schimmerte wie ein

Opal. «Was ist das für ein Vogel, der solche Federn hat?», fragte ich mich. Die Feder musste von einem Riesenvogel stammen. Als ich mich einen Schritt aufs Glatteis hinauswagte und mich nach ihr bückte, fühlte ich, wie unter mir der Grund nachgab. Das Wasser war seicht, aber ich steckte schon, die Feder in der Hand haltend, mit einem Bein fest. Mein Schuh hatte sich unter Wasser verfangen. Wahrscheinlich entfuhr mir spätestens jetzt ein Fluch, aber wenn ich fluche, tue ich es immer in einer Sprache, in der man mich nicht versteht. Ich zog und stieß und zog erneut. Mit einer Drehung und einem letzten Ruck befreite ich meinen Fuß. Mein Schuh hingegen blieb in den ineinander verknoteten Ästen im Schlamm des Teichgrunds hängen.

Aus dem Unterholz einige Meter neben mir kroch Ischtar mit nassem Fell und glänzender Schnauze auf mich zu. Sie wedelte mit dem Schwanz, bellte, sprang an mir hoch und machte wiederum kehrt, verschwand unter den geknickten Ästchen durch das Gestrüpp bis zum gegenüberliegenden Ufer des Teichs. Ich hinkte hinterher, wobei mein nackter Fuß einzufrieren schien. Auf einem Bein wie ein Storch, den anderen Fuß mit den Händen wärmend, sah ich, wie Ischtar etwas Dunkles, Rechteckiges unter dem Geäst hervorzerrte. Jemand musste es dort liegen gelassen haben, aber nichts deutete darauf hin, dass sich noch irgendein Mensch in der Nähe befand. Sie brachte den Gegenstand und ließ ihn vor meinen Füßen fallen, um sogleich wieder dem Rand des Wassers entlang bellend auf und ab zu laufen. Ich bückte mich nach der Ledermappe. Dann stellte ich sie auf den Kopf, auf der Suche nach etwas, was einen Hinweis auf ihren Besitzer geben könnte. Da war nichts. Kein Schlüsselbund, kein Ausweis. Da sich meine Füße wie Eiszapfen anfühlten, packte ich die Mappe unter den Arm. Ich wollte so schnell wie möglich heim, in die Wärme. Humpelnd und ohne Schuh, aber egal.

Als ich Ischtar an die Leine nehmen wollte, sah ich, dass ihr Halsband fehlte. Sie kaute auf meinem verlorenen Schuh herum, bis sie ihn vor meinen Füßen fallen ließ. Ich schlug ihn in einen Zipfel meines Mantels und versuchte ihn, so gut es eben ging, zu trocknen. Dann zwängte ich meinen Fuß in den immer noch nassen Schuh und schritt los. Ich machte mich, mit vor Kälte stechendem Schmerz in den Zehen, auf den Heimweg. Ischtar jedoch stemmte die Vorderläufe in den Schnee und wehrte sich laut kläffend dagegen mitzukommen.

Ich muss ein lächerliches Bild abgegeben haben, wie ich mit Ischtar auf dem Arm, der Mappe darunter und einer Riesenfeder in der Hand an der Bushaltestelle wartete.

Der Autobus war fast leer. Nur eine junge, schwarz gekleidete Person lehnte mit weit über den Kopf gezogener Kapuze gegen die Scheibe im hinteren Teil des Busses, obwohl sämtliche Sitze frei waren. Sie fingerte an ihrem Handy herum.

Zu Hause legte ich die Mappe auf den Heizkörper, zog meine Schuhe aus und stellte sie unter die Heizung im Badezimmer. Die Feder steckte ich in den Schirmständer. Das Tier bekam eine Schüssel Wasser vorgesetzt, für meine schmerzenden Füße bereitete ich ein Becken heißes Wasser vor. Nachdem ich die Kleider ausgezogen hatte, machte ich es mir im Pyjama vor dem Fernseher bequem. *Kej sura, sura (qué será, será)*, tönte es aus dem Mund einer blonden Amerikanerin, deren Name mir entfallen ist. *Whatever will be, will be, the future's not ours to see ...* Es war ein Spielfilm aus den 1950er-Jahren. Anschließend folgten die ersten Bilder der Tsunami-Katastrophe. Ich schaltete den Fernseher aus, trocknete die Füße ab und durchsuchte nochmals die feuchte Mappe.

In einer Plastikschutzhülle im Seitenfach wurde ich fündig. Ich schob die CD, die ich im Wald übersehen und nun entdeckt und abgetrocknet hatte, in den CD-Player, um mir die Musik anzuhören, aber nichts geschah. Also schaltete ich den Computer ein, ebenfalls ein Geschenk von Elvira, legte die Scheibe in die Halterung, drückte den Knopf und wartete, bis sich etwas zeigte. Als ich zu lesen begann, lag Ischtars Kopf auf meinem Oberschenkel. Die Zeit war hängengeblieben. Sie werden gleich verstehen, warum, denn da stand Folgendes:

In der Nacht zum Stefanstag hatte es geschneit. Von der Reflexion des Schnees geweckt, der die Kammer mit meinem Bett erhellte, zog ich die Decke erneut über die Ohren. Daher begann der heutige Tag etwas später als gewöhnlich. Es war mein Hund, der mich mit seinem Scharren aus den Federn holte. Nachdem ich aufgestanden war, stieg ich die knarrende Holztreppe hinab, zog aus einem Stapel alter Magazine eines hervor und machte es mir am Frühstückstisch gemütlich. Ich trank meinen Kaffee, nicht ohne vorher wie üblich ein Croissant hineingetunkt zu haben. Das Radio spielte eine Beethoven-Symphonie, die sich bereits ihrem Ende näherte.

Kommt Ihnen das, was Sie jetzt lesen, bekannt vor? Es ist der Anfang dieser Geschichte. Es sind meine eigenen Worte. Auch ich fragte mich zunächst, was das zu bedeuten hätte. Als ich weiterlas, entfaltete sich vor mir derselbe Text, den Sie bereits gelesen haben und vielleicht noch in der Hand halten. Bis zu dieser Stelle.

Erneut setzt der Schwindel ein, der mich schon vor meinem Spaziergang befallen hat. Ich kann den Text nicht mehr erkennen. Immer wieder taucht er hinter den Wellen des Bildschirms ab. Aus meinen Armen schwindet die Kraft. Etwas anderes ist dabei, mich in Besitz zu nehmen. Es zieht mich in etwas hinein, das mir gehört und doch zunehmend meiner Kontrolle entgleitet.

Rheinkiesel und Perlmutter

Man kann nicht sagen, dass das Kind die Großen durchschaute. Man kann nicht sagen, dass es ihnen misstraute. Wahrscheinlich waren die Nachbarn mit dem Lächeln im Gesicht einfach nur kinderlieb. Dem Kind war es, als würden sie um seine Gunst wetteifern, aber Zuneigung kann man nicht kaufen. Instinktiv wies es alle Süßigkeiten oder Geschenke zurück, mit denen jene vor seinen Augen herumfuchtelten. Möglicherweise machte sich das Mädchen nicht viel aus diesen Dingen, die andere Kinder so schnell in ihren Bann zogen, sodass es ihm nicht schwerfiel, unbestechlich zu bleiben. Es lebte in seiner eigenen, nur Kindern zugänglichen Welt, und diese drehte sich um Geschichten.

Wenn der mit Sehnsucht erwartete Vater von einer Geschäftsreise nach Hause kam, brachte er dem Töchterchen stets mit Zuckerguss überzogene Mandelkerne mit, die aussahen wie pastellfarbene, grau gesprenkelte Kieselsteine. Rheinkiesel seien es, behauptete er, und das Mädchen zog an der hellgelben Nylonmasche und wusste nicht, ob es dem Vater glauben sollte, denn was die Erwachsenen sagten und taten, stimmte manchmal nicht überein. Da galt es auf der Hut zu sein, spürte es, auch was süß schmeckende Rheinkiesel betraf. Doch weil es sich die Geschichte dazu so sehr wünschte, stellte es sich vor, wie Papa dem Fluss entlangspaziert war und sich gebückt hatte, um besonders schöne Feuersteine am Ufer auf-

zuheben. Er hatte sie in die Taschen seines granitgrauen Sakkos gesteckt, wo ihre wundersame Verwandlung begann.

Später schaute das Kind auf der Landkarte nach und fand heraus, dass Rotterdam, Köln und Basel – die Städte, die er besucht hatte – tatsächlich am Rhein lagen. Das genügte. Es glaubte ihm vorläufig.

Nachdem die Familie nach Zürich umgezogen war, kam der Vater aus Wien zurück, streckte dem Kind die gleichen, in Zellophanpapier verpackten Mandelkerne entgegen und nannte sie einfach Donaukiesel. Diesmal war das transparente Säckchen mit einem rosa Band verschnürt. Den ovalen Zuckerkieseln, die zwar wie Donaukiesel aussahen, aber nicht wie solche schmeckten, war nicht zu trauen. Trotzdem brachte es der ewige Heimkehrer fertig, sich mit ihnen einen Weg zum Herzen des Töchterchens zu bahnen. Weniger ihrer Süße als ihrer Schönheit wegen.

Alle wertvollen Dinge legte das Kind neben die mit Wasser gefüllte Vase auf dem Fensterbrett. In ihr sammelten sich die echten, an Seen- und Flussufern aufgelesenen Fundstücke. Von den Wellen abgeschliffene Flaschenscherben in allen Farben, flache Muscheln und konische Schneckengehäuse schoben sich dort übereinander. Das Wasser und die einfallenden Lichtstrahlen verstärkten die Farben und gaben dem Strandgut die verlorene Leuchtkraft zurück. Das Mädchen saß im Schneidersitz auf dem breiten Fenstersims aus dunkel gebeiztem Nussbaumholz und starrte auf die durch die Rundung des Glases vergrößerten Juwelen. Es hatte sich das Meer ins Zimmer geholt und lebte so ganz nah am Wasser.

Als der Vater in die USA reiste, musste er sich etwas einfallen lassen. Manhattan lag nicht am Rhein – das wusste das Kind – und Philadelphia nicht an der Donau. Die Vortragsreisen des Vaters nach Übersee erfüllten besonders die Mutter mit

Stolz. Allein schon das Wort *Übersee* brachte sie, die es mehrheitlich in die Tiefe zog, wieder ins Gleichgewicht.

Während seiner Abwesenheit schien es der Tochter, als hätte die Mutter ihr ganzes Leid für sie aufgehoben. Auf dem Fenstersims, au bord de la mer – au bord de l'amère, dort wo es nach Mandeln schmeckte, konnte sich das Kind den Tränen der Verzweifelten entziehen. Es wölbte die Hände zu Muschelschalen, klappte sie über die Ohren und war unansprechbar. Das verstärkte die Einsamkeit der Mutter, die sich mit aller Kraft an die Tochter klammerte.

Ob Floris, der Sohn der Nachbarin, davon wusste? Die Mutter, die Kinder liebte und am liebsten eine ganze Horde davon besessen hätte, lud den Jungen zur Jause ein. «Ein charmanter und humorvoller Bub ist ein gern gesehener Gast», befand sie. Es gab Kaffee wie für die Großen und Apfelstrudel oder Nusspotize. Floris nahm stets in einem ausladenden Sessel Platz. Er bewunderte diese Mutter. Die strahlende Königin, die sich in ihrer Vierzimmerwohnung im Exil ein Märchenschloss eingerichtet hatte, war so anders als die vor lauter Schweigen dünnlippig gewordenen Mütter, die er in seiner Stadt sonst kannte. Die Abgründe der Königin kannte er nicht. Ihre Unterwasserexpeditionen blieben ihm verborgen. Wie hätte er ahnen können, dass sie von Zeit zu Zeit in finsteren Tiefen nach chemischen Perlen suchte und regelmäßig aus der Umarmung der Schlingpflanzen befreit werden musste? Auf Grund gehen hatte die Mutter gelernt, aber das Auftauchen fiel ihr immer schwerer.

An wolkenlosen Tagen legte sich die Tochter der Länge nach auf den Fenstersims und blinzelte zu den Sonnenstrahlen hinauf, die durch die Wasseroberfläche drangen. Mit der Zeit begannen sich im Innern des Glases winzige Algen anzusammeln. Ein leuchtend grüner Flor überzog den Grund. Dort, so stellte sie sich vor, lägen gekenterte, zwischen Korallenstämmen versunkene Schiffe. Um Schatztruhen, aus denen Saphire und Rubine hervorquollen, schwänzelten Meerjungfrauen. Silberbauchige Fische machten ihnen den Hof, während das Kind den Kiesel in der kleinen Faust drückte. Erst als es die Hand öffnete, stellte es fest, dass dieser sich schon aufgelöst und Handfläche und Finger rosa und braun verfärbt hatte. Was übrig blieb, wurde abgeleckt.

Je älter die Kleine wurde, desto seltener wurden die Zuckermandeln, bis sie ganz ausblieben. Schließlich war sie zu groß, um sich am Fenster auszustrecken. Im trüb gewordenen Glas verendeten die fantastischen Wesen, eines nach dem anderen.

Auch die Tanker begannen zu lecken. Die Zeit der Freibeuter unseres Planeten war angebrochen. Wie der tödliche Ölteppich auf dem Meer breitete sich Nüchternheit im Leben der Halbwüchsigen aus. Sie entzauberte ihre Welt und war so glatt, dass man darauf ausrutschen konnte. Sie machte die junge Frau bestechlich. Vorbeiziehenden fiel es leicht, sich Nähe zu ihr zu verschaffen. Sie brauchten dafür keine Rheinkiesel mehr. Es genügte, am Ufer irgendeines Wassers das Netz auszuwerfen und Angeschwemmtes aus ihrer Kindheit einzuziehen, als die Welt aus einem Kaleidoskop von bunten Steinchen und Gläsern und ihrer kleinen Familie bestand.

Floris kannte ihre Welt nicht. Dieses Mädchen schien ihm wie in weite Ferne gerückt, bis er ihr als Erwachsener wieder begegnete. Als Floris die Todesnachricht ihrer Mutter erhielt, war nicht nur seine Königin gestorben. Auch die Zeit von hausgemachten Marillenknödeln und Apfelstrudeln, die sie ihm auf muschelförmigem Porzellan oder Bleikristalltellern serviert hatte, war zu Ende.

Dass er seine Erinnerungen an ihre Mutter für den Moment einer kurzen Begegnung mit der Tochter wiederbelebte, sollte er später bereuen. Der zuckersüße Nachgeschmack jener Nachmittage verführte ihn dazu, ganz sacht an die Schale der Tochter zu klopfen. Die Tochter öffnete den Spalt ihrer Austernkammer, um die Mutter zu bergen, und saugte auch ihn langsam in ihr Gehäuse mit hinein. Vielleicht, so dachte sie dabei, würde er gleich einem Sandkorn mit der Zeit zur Perle werden.

Santissima Trinidad oder ein Kochrezept mit Folgen

Meine Großtante, die im Jahr 2042 starb, hinterließ mir ihr Haus in Katalonien. Es liegt an einem Hang inmitten von Zypressen und Pinien. Im Garten neben dem Pool steht ein steinerner Engel. Vielleicht haben winzige Algen ihm seine Patina verliehen. Wenn es regnet, was nicht oft vorkommt, scheint er zu weinen. Das Wasser rinnt dann über sein Gesicht und fließt den Faltenwurf des Gewands entlang, bis es sich in einer dunkelgrünen Pfütze unter dem Umhang sammelt. Die Flügel, unter denen zwei Gestalten auszumachen sind, eignen sich kaum dazu, die Statue in die Luft zu heben. Sie halten die Figur mit dem Antlitz meiner Großtante im Gleichgewicht. Sie hat mir nie etwas über diese Statue erzählt. *Santissima Trinidad* steht auf dem quadratischen Sockel.

Meine Großtante war die erste unschuldige Liebe meines Vaters gewesen. Ich sähe ihr ähnlich, meinte er immer, die dunklen Augen, die leicht schräge Kopfhaltung und vor allem die Füße. Meine zweite Zehe überragt die anderen. Ich trage sogar ihren Namen. Sie hieß Carmen, nicht da sie spanischer Abstammung war, obwohl sie durchaus so ausgesehen hatte, sondern, weil unsere aus der Schweiz in die USA ausgewanderten Vorfahren einst mit Autos (cars) reich geworden waren. Das vermutete zumindest mein Vater. Dass sie ihr weißes Haus ausgerechnet an den Hängen des Vallpineda, in der Nähe von

Barcelona, gekauft hatte, hatte andere Gründe, als ihr Name zunächst vermuten ließ.

Sie flüchtete regelmäßig vor der Kälte, die damals noch in ihrer Geburtsstadt herrschte, in die Villa nach Spanien, deren unbewohnte Leere sie sofort ausgiebig bevölkerte. Meine Großtante scharte Menschen, die sie interessant fand, um sich und steuerte das Kulinarische bei. Carmen bekochte ihre Gäste gerne. Wie mir mein Vater erzählte, liebte sie Gespräche bei einem vorzüglichen Mahl, gutem Wein und mit einem Mann, mit dem sie leidenschaftlich flirten konnte, ohne dabei jedoch die Fasson zu verlieren. Ihre Vorstellungen von Genuss und Kultur waren präzise. Exzesse standen dazu im Widerspruch. Reibungen waren unerwünscht. Als Ästhetin achtete sie stets darauf, anziehend und gut angezogen zu sein, was ihr nicht schwerfiel. «Sie war schön, selbst wenn sie nicht angezogen war», meinte mein Vater immer. Im Gegensatz zu mir war sie nie darauf angewiesen, dass andere dies bestätigten. Sie taten es einfach. Ihr langes schwarzes Haar floss offen den Rücken herab. Nur manchmal, bevor sie zum Schwimmen ins Meer watete, drehte sie es zu einem Knoten, den sie auf dem Kopf feststeckte.

Nach ihrem Tod erbte ich auch eine rote Agenda. Sie entpuppte sich als Kochbuch, das ihr vermutlich besonders am Herzen gelegen hatte. Meine Großtante hatte darin sämtliche Köstlichkeiten, die sie ihren Freunden auftischte, niedergeschrieben. Wie bei den meisten Menschen wies auch ihr Magen eine geradezu symbiotische Nähe zum Herzen auf. Da ich nicht dazugehöre, staunte ich zunächst, dass sie dieses Kochbuch ausgerechnet mir vermacht hatte.

Dennoch versuchte ich mich gestern Abend an einem Rezept für *Tintenfische mit grünen Erbsen an Anisschnapssoße*. Am Rande einer Seite fand ich folgende etwas längere Notiz: Ta-

mara und Luzi abholen, 14 Uhr, 2 Liter Olivenöl, Niki telefonieren. Das halb herausgetrennte, fettige Blatt trug das Datum vom 16. Mai 2007. Ich erinnere mich, die beiden ersten Namen als Kind schon einmal gehört zu haben. Wer aber war Niki?

Obwohl Tintenfische eine heikle Sache sind, konnte ich bei diesem Rezept gar nichts falsch machen. Sowohl die Menge als auch die Vorbereitung und Kochzeit waren exakt aufgezeichnet. Den Anisschnaps musste ich mir unter der Hand besorgen. Seit einiger Zeit haben wir dieses Alkoholverbot. Sie wissen ja: Alkohol ist tödlich. Auch Selbstmord durch Komasaufen hat in den vergangenen Jahren epidemisch zugenommen. Wir tranken reichlich, bevor ich mich ins Bett legte. Die Hitze auf dem Balkon, die am Tag wieder auf über vierzig Grad gestiegen war, war immer noch unerträglich.

Nachdem ich endlich eingeschlafen war, hatte ich einen seltsamen Traum. Ich tastete mich durch eine orangerote Staubwolke, hinter der sich die Sonne versteckt hielt. Die Konturen der Dinge waren undeutlich und schienen sich in dem Raum aufzulösen. Da ich fürchtete, über einen der Gegenstände zu stolpern, stieß ich mich kräftig vom Boden ab. Ich begann zu schweben, stieg höher und ruderte mit den Armen durch die Luft, als sich von einem Moment auf den anderen der Schleier verzog, der alles um mich herum verhüllt hatte. Unter mir lag die weiße Villa. Mir fiel auf, dass der Swimmingpool leer war. Mitten im Garten wuchs eine fette Palme und daneben ein schlanker Olivenbaum, dessen Blätter nach Süden zeigten. Von der Statue am Pool jedoch keine Spur.

Da erscheint auf einem der Balkone meine Großtante, die etwas zwischen vierzig und fünfzig sein muss. Sie fegt den rötlichen Sand von den Böden. Danach entfernt sie die Spinnweben aus den Ecken der Zimmer und reißt sämtliche Schranktüren auf, denen ein feuchter Geruch entströmt. Ein kleiner

Gecko, der an ihr vorbei ins Freie flitzt, lässt sie zusammenzucken. Sie streift sich ein lindgrünes Kleidchen über, legt sich einen Schal um die Schultern und schlüpft in die Espadrillen. Nachdem sie die Haustür mit mehreren Schlüsseln abgesperrt hat, eilt sie in die Garage, steigt in ihr Auto, fährt hinab in die Stadt und stellt es direkt vor dem Bahnhof von Sitges ins Parkverbot. Während meine Großtante wartet, kann ich ihr Tun aus der Vogelperspektive verfolgen. Es gelingt mir sogar, ihre Gedanken zu lesen.

«Luzi, diese Nomadin, ist jahrelang unterwegs von Basel nach Paris, zu Hause überall, wo sie auf Gleichgesinnte trifft. Sie gleicht einem Krebs, der sein Gehäuse mit sich schleppt. Wie heißt denn bloß ihr Lover?» Mehrere Jahre hat Carmen ihre Freundinnen nicht gesehen, nun würden sie gleich da sein.

«Tamara hingegen fällt es schwer zu verreisen. Sie braucht Schutz. Keinen mobilen Krabbenpanzer wie Luzi, etwas Stabiles, einen Flecken, auf dem sie bleiben und Wurzeln schlagen kann; erdbebensicher. Sie hat sich ihren Ängsten gestellt, kann stolz auf sich sein, ist unter dem Ärmelkanal hindurch bis nach Paris gereist. Fliegen ist für sie noch traumatischer als Zugfahren. Da baumeln die Füße in der Luft.» Carmen schaut auf die Uhr. «Was, schon so spät?»

«Hallo, meine Liebe», ertönt von weitem die Stimme von Luzi. «Du, stell dir vor, wir haben den falschen Zug genommen und sind darum bis nach – Tamara, wie hieß das dort? – weitergefahren. Was für ein Schlamassel.» Sie zwickt Carmen zur Begrüßung mit zangengleichen Fingern in die Oberarme. Morgen werde ich mit blauen Flecken aufwachen, denkt Carmen unter Schmerzen, noch bevor sie die Freundin umarmen kann. «Ist das schön, hier zu sein», sprudelt Luzi und fingert an ihrer schweren Brosche herum, die das smaragdgrüne Seidentuch zusammenhält. Sie richtet sich die Spangen in den flammend roten Haaren, die wie die Rose am Revers etwas aus der Fassung geraten sind.

Langsam schleppt sich auch Tamara herbei und seufzt tief. Ihre drei schweren Reisetaschen, die der Grund dafür sind, dass sie beim Gehen über die eigenen Füße stolpert, lässt sie neben sich fallen. Mit den Unterarmen wischt sie den Schweiß von ihrer Stirn und streift sie an den Fallschirmspringerhosen ab. «Uff, ich bin völlig nass», entschuldigt sie sich, indem sie reflexartig an ihren Achselhöhlen schnüffelt und den Nasenrücken kräuselt. Nachdem sie Carmen auf Distanz umarmt hat, lässt sie sich auf das Gepäck fallen. «Mein Gott Tamara», meint Carmen, «wie kannst du das alles mitschleifen?»

«Was für einen hübschen Schal du hast», wendet Carmen sich Luzia zu. «Mein Pièce de Résistance», antwortet sie.

«Schön wie eh und je», strahlt jede der anderen ins Gesicht und denkt dabei, dass der Zahn der Zeit, nun ja …, und Luzi schiebt nach, dass sie doch alle drei Persönlichkeiten seien und jede von ihnen ihre eigene Schönheit besitze. «In ein paar Jahren heißt das nur noch Charakter», kann sich Tamara nicht zurückhalten. «Carmen, du als Jüngste, kannst dir noch Zeit lassen, Charakter zu entwickeln», sagt sie zur Gastgeberin und streichelt ihr zärtlich den Rücken.

Der Himmel ist blau, die Luft ist lau, die Bagage liegt im Kofferraum verstaut. Carmen dreht den Zündschlüssel, doch der Motor springt nicht an. Sie probiert es wieder und wieder, während ihre großen Augen unruhig zu flackern beginnen. Hinten unterhalten sich Luzi und Tamara. «Ist was, hat es vielleicht kein Benzin mehr?», fragen sie, um auf diese Art Anteilnahme zu zeigen, da der Wagen nach vergeblichen Anläufen immer noch nicht angesprungen ist. In diesem Augenblick verliert Carmen das erste Mal die Beherrschung: «Verdammtes Scheißauto, kein Sprit mehr!» Der Toyota schüttelt sich und protestiert stotternd. Je mehr Luzi sich ins Zeug legt, um Carmen zu beruhigen, desto schriller schimpft diese mit dem leerlaufenden Motor um die Wette und stampft mit dem Fuß aufs Gaspedal. «Ich kann nicht mehr einkaufen gehen, der Tintenfisch wird schlecht, der Markt schließt. Que mierda!» Tamara scheint es, als würde Carmen sagen: Ihr seid schuld, weil ihr den falschen Zug genommen habt und ich auf euch warten musste und daher später war und … Sie beißt sich auf die Lippen und drückt sich in eine Ecke des Autos. Endlich springt dieses an. Das Benzin reicht gerade bis zur nächsten Tankstelle. Mit gefülltem Tank und leeren Mägen fahren die drei durch die sanften Hügel des Vallpineda.

«Here we are.» Der Wagen hält vor der Garage. *Torre Blanca*, entziffert Tamara die verblasste Schrift auf dem Schild an der Tür. «Schau an, schau an, wir beide haben die gleiche Anschrift. Du wohnst in einem weißen Haus, ich im White Cottage.» So lautete ihre Adresse in Südengland. Luzi, die sich nun ausgeschlossen fühlt, sagt etwas von *Casa Blanca* und Humphrey Bogart, weil sie meint, etwas sagen zu müssen. «Für Luzi ist ein Haus ohne einen Mann kein Haus», entgegnet Tamara. «Tut mir leid», entrüstet sich diese, «aber ich bin diejenige von euch, die allein lebt», und vergisst dabei, dass ihre Freundin Carmen seit mehreren Monaten Single ist, und ebenso, dass Tamara ihren dritten Ehemann kurz vor ihrer Abreise aus dem Haus geworfen hat. Obschon Tamara Luzi während der gemeinsamen Fahrt von Paris bis Barcelona in dieses Kapitel eingeweiht hat, ist es Luzi bereits wieder entfallen. Um die Tragik dieser Trennung zu unterstreichen, reißt Carmen ihre feuchtglänzenden Augen noch weiter auf und seufzt: «Ach, Tamara, ihr wart so ein schönes Paar. Warum nur ist das Leben so schrecklich?» Aber Tamara wundert sich, warum ausgerechnet schöne Paare dazu verdammt sein sollten, zusammenzubleiben. Sie kann sich eine sarkastische Bemerkung nicht verkneifen und zitiert aus *Die Tante Jolesch*. «Ihr wisst doch, was ein Mann schöner ist wie ein Aff, ist ein Luxus». *Die Tante Jolesch* zu kennen, wirkt wie ein geerbter Kashmirumhang, wärmend und gemeinschaftsstiftend. Zusammen schaffen sie das Reisegepäck von Tamara die Stufen hoch. Nach dieser Anstrengung sinkt Luzias Körper erschöpft in den leinenüberzogenen Sessel im Wohnzimmer. Sie blickt ins weite Blau des katalanischen Himmels und fächert sich Luft zu. «Oh, ist das paradiesisch!»

«Ich brauch einen Kaffee, wer will einen Kaffee?», fragt Carmen und betätigt sich in der Küche.

«Wo ist die Toilette?», schreit Tamara. Sie rennt auf und ab, manövriert die letzte Tasche in den ersten Stock und macht sich daran, ihre Toilettensachen im Badezimmer auszupacken. «Carmen!», hört die Gastgeberin unten in der Küche sie rufen, und schon klappern die Absätze ihrer Stiefel wieder die Treppen herunter. Da steht sie auch schon mit einer Zigarette zwischen den Fingern: «Es gibt kein WC-Papier mehr.»

Auch Luzi ist aus ihrer Kontemplation erwacht. «Ich hab Hunger, gibt es nicht was Kleines zum Essen?», fragt sie und zieht die Schultern in die Höhe. «Un tout petit rien?» Carmen stellt die Kaffeetassen auf den Küchentisch und erläutert ihr Programm: «Ich zeig euch erst mal eure Zimmer.»

Sie steigen die mit gelbblauen Keramikplatten gekachelten Stufen hoch. Im ersten Stock stößt Carmen zwei einander gegenüberliegende Zimmertüren auf. Das milde Licht flutet das Südzimmer, das auf einen Balkon geht. Sogleich beginnt Luzi, sich auszubreiten, doch Carmen erklärt ihr, dass dieses Zimmer eigentlich für Tamara vorgesehen sei. Trotz dieser Zumutung, die einem Anschlag auf Luzis Begeisterung gleichkommt, lässt sie sich nichts anmerken und beginnt, das Nordzimmer bewohnbar zu machen. Dort packt sie ihre indo-orientalischen Tücher aus und legt das Dunkelrote mit den eingewobenen Goldstreifen über das Bett. Mit dem Orangen bedeckt sie die Lampe. Bevor sie das Räucherstäbchen, *Flor de Pasion*, anzündet, steckt sie es in die Ritze eines alten Stuhls vor dem Fenster. Auf dem Bett platziert Luzi andächtig die Biografie eines Ägypters, ihres großen Ägypters.

Im gegenüberliegenden Zimmer jault Tamara kurz auf, weil sie über die Bettkannte des Futons gestolpert ist, und versucht ebenfalls, sich einzurichten. Ihr Schienbein blutet. Das würde wieder eine Narbe geben, doch egal, findet Tamara. Carmen steht mit zwei Rollen Klopapier im Türrahmen. Ecken und Kanten haben Tamara schon seit ihrer Jugend das Leben schwergemacht, erinnert sie sich. Die Verletzte schafft Kissen herbei und polstert ihren Platz zurecht. Als sie einen Stoffhasen aus dem Rucksack zieht und ihn auf das weiße Laken setzt, streckt Luzi neugierig den Kopf ins Zimmer. Der schlaffe Hase lässt sie nach Luft schnappen. Aber, um ihrem Vorsatz, nicht über andere zu urteilen, treu zu bleiben, lächelt sie bloß und meint, Tamaras Tochter hätte wohl den Hasen eingepackt. «Was meinst du?», fragt Tamara.

«Kinder», versucht Carmen, ihre Freundinnen zu motivieren, «wie wär's mit einem Apéro und dann zum Strand?»

«Ich hab eigentlich Hunger», antworten Luzi und Tamara im Chor. Carmen stößt die Luft zwischen den Lippen hervor und seufzt. «Wir können ja kurz was Kaltes auf der Veranda essen.»

Die Gäste beginnen, den Kühlschrank auszuräumen. Sie stürzen sich mit knurrenden Mägen auf die eingelegten Sardellen, die Chipirones, die pimentgefüllten Oliven und den geräucherten Schinken, der nach Eicheln schmeckt, da die Schweine bis zu ihrem Todestag mit nichts anderem als diesen Früchten gemästet werden. Carmen kann es nicht unerwähnt lassen, dass dieser Schinken sündhaft teuer sei. Denn ihre Freundinnen scheinen sich mit dem gleichen Appetit über das edle Stück herzumachen wie die Schweine sich über die kostbaren Eicheln. «Hundskommuner Paprikachorizo hätte es auch getan!», knurrt sie kaum hörbar. Ein Gourmet ist eben etwas anderes als ein Gourmand. Sie bändigt ihren Zorn, indem sie betont, dass das Essen in Spanien eben noch nach etwas schmecke, während die Freundinnen es sinnlos in sich hineinschlängen. Zuletzt ist der Polposalat dran, bis ihnen alles schwer auf den Mägen liegt und nichts mehr übrig ist. Carmen verdreht die Augen: «Später, wenn ich meine Tintenfische kochen möchte, werden sie keinen Hunger mehr haben, diese Barbaren der gehobenen Küche!»

Mit den Worten «Ich brauche eine kleine Siesta» macht es sich Luzi auf dem Sofa gemütlich. Tamara, die sich noch einen Schluck Weißwein einschenkt, räkelt sich auf dem Liegestuhl und raucht im Halbschatten der Palme, durch deren Blätter die Sonne wohlig wärmt.

Eine Stunde später sind sie alle drei startklar. Luzi zupft ihre Bluse zurecht und glättet den Rock. Carmen beobachtet sie. Dabei fällt ihr auf, dass sie Luzi noch nie in Hosen gesehen hat. Tamara klagt über Magenkrämpfe und möchte lieber zu Hause bleiben. Doch gerade als Carmen sich bemüht, Luzi ins Auto zu packen, ertönt vom Balkon Tamaras Stimme: «Moment, ich bin gleich so weit.» Sie hat es sich anders überlegt. Die beiden warten, bis Tamara endlich, mit zwei Strandtaschen bepackt, einem Sonnenschirm, die Kopfhörer des Walkmans im Ohr und einer Zigarette im Mund, in der Garage erscheint. Sie tuckern los.

Am Strand bindet Carmen die langen Haare zu einem Knoten fest. Das Meerwasser ist eisig. Mit bebenden Lippen und

Gänsehaut taucht Carmen nach einer Viertelstunde diszipli-
nierten Durchhaltens wieder am Ufer auf. Nicht entspannt,
sondern sauer, dass die Temperatur des Wassers ihr einen
Strich durch die Rechnung gemacht hat. Träge suhlen sich ihre
Freundinnen im wärmenden Sand. Carmen, die es nach Hause
zieht, kündigt an, dass sie am Abend noch einen weiteren Gast
erwarte. Er sei ein libanesischer Künstler, den sie ihnen unbe-
dingt vorstellen wolle. Das erholsame Räkeln ist zu Ende!

Zu Hause will sich Tamara in der Küche nützlich machen.
Am Küchentisch löst sie die frischen Muscheln für das Mittag-
essen des nächsten Tages aus ihren Gehäusen, schält ein Dut-
zend Knoblauchzehen, zerhackt diese und wirft das Ganze in
die Tomatensoße, die bereits auf dem Feuer steht. *Spaghetti
alle vongole* auf Vorrat.

Kaum betritt Carmen ihr Reich, geht das Gezeter los. «Muscheln kocht man doch mit dem Gehäuse in ihrem eigenen
Sud!», keift sie. Dann knallt die Küchentür. Jetzt hat Tamara das
Gefühl, von einer eisigen Welle davongespült zu werden. Sie
wirft alles hin und flüchtet ans Telefon. Null, null, vier, vier. Ausgerechnet der, dem sie den Laufpass gegeben hat, da er nicht
auf eigenen Beinen stehen konnte, solle jetzt kommen, um sie
zu retten. Carmen hört, wie die zutiefst Gekränkte ihn mit ver-
sagender Stimme dazu nötigt, alles stehen und liegen zu lassen, den Ärmelkanal zu über- oder zu unterqueren und sie nach
Hause zu führen. Sofort. Carmen wackelt mit dem Kopf.

Die Stimmung ist im Eimer. Verbissen betätigt sich Carmen
in der Küche. Das rote Tagebuch in der Linken, das Messer in
der Rechten. Luzi, der die Erkenntnis gekommen ist, dass sie
ohnehin nichts ausrichten kann, hat sich rechtzeitig mit ihrer Lektüre ins Boudoir zurückgezogen. Sie war fürs Seelische
zuständig, nicht fürs Praktische. Im gegenüberliegenden Zimmer schmollt Tamara und drückt den Hasen an sich.

Um neun Uhr ist das Essen fertig. Langsam wagt Tamara sich wieder in die Küche und kippt ein Glas Rioja in sich hinein. Das zweite Glas und der Duft, den die Pernodsoße mit den frischen Erbsen verströmt, in denen der zerstückelte Tintenfisch köchelt, haben eine versöhnende Wirkung.

Als der kahlköpfige Bildhauer, ganz in Weiß gekleidet, das Grundstück betritt, erwacht Luzi zu neuem Leben. Sie richtet ihre Antennen auf Empfang, zieht sich die Lippen nach und schält sich aus ihrem Gehäuse. Als Niki ihr vorgestellt wird, säuselt sie etwas von aramäischem Engel. Er gibt das, was als Kompliment gemeint ist und wie eine vorschnelle Anmache daherkommt, sogleich an die versammelte Weiblichkeit weiter. Das Eigenschaftswort jedoch lässt er beiseite. «Der Standpunkt bestimmt die Perspektive», rutscht es Tamara heraus. Wer weiß, was sie damit meint.

Luzi, die es genau wissen will, hängt sich auf dem Weg in die Küche an Carmen. «Ein toller Mann – hast du diese Augen gesehen?», beginnt sie und schaut Carmen vielsagend an. «Läuft da was? Wenn ich zehn Jahre jünger wäre, dann ...» Carmen streut die frisch gehackten Kräuter über den Salat und kostet den Tintenfisch. Heiß. «Ach, Niki ist ein guter Freund und zudem in festen Händen», antwortet sie und fächert dazu mit der Hand. Luzis Verlangen nach eigenen oder fremden Liebesgeschichten ist unersättlich.

Mit wiegenden Hüften begibt sich Luzi wieder auf die Veranda. Jetzt ist sie an der Reihe. Sie unterbricht Nicolas und Tamara mitten im Gespräch, lässt etwas vom Trialog in Anwesenheit des Göttlichen verlauten, ohne den Satz jedoch zu beenden, und blickt dem Bildhauer aus Libanon tief in die Augen. Er scheint kein Wort zu verstehen, was Luzi gelassen hinnimmt. Ihr genügt es, wenn sie zu Wort kommt, denkt Tamara, und vergisst, ihren Mund wieder zu schließen.

Nachdem Carmen die Schüsseln auf die Veranda balanciert hat, erklärt sie, dass Niki nicht nur ein Künstler, sondern auch für den Unterhalt ihres Gartens zuständig sei. Sie bezeichnet fast alle, die sie mag, mit einem verkleinernden I am Ende. Auch Luzi, die eigentlich Luzia heißt, wie sie immer wieder betont.

«Niki, wie weit bist du übrigens mit dem Objekt für den Garten?», fragt Carmen. Nicolas zieht einen rechteckigen, grünen Stein aus seiner Tasche und legt ihn auf den Tisch. «Mir ist soeben eine Idee gekommen», antwortet er.

Mein Schädel brummte, als ich erwachte. Pernod und Rotwein, dachte ich und leerte das Wasserglas neben meinem Bett in einem Zug. Draußen dämmerte es. Nie habe ich erfahren, was es mit dem Engel neben dem Pool auf sich hat. Ich zweifle jedoch nicht daran, in dieser Nacht dabeigewesen zu sein, als *Santissima Trinidad* im Kopf des Bildhauers Gestalt annahm.

Ach ist ein Seufzer in der Nacht

In dieser Nacht träumte sie nicht. In dieser Nacht fand sie keinen Schlaf. Hatte er ihr nicht versichert, zurück zu sein, sobald das Fußballspiel zu Ende war? Sie warf einen Blick auf die Uhr und rechnete nach. Zwar verstand sie nichts von Fußball, doch sie wusste, dass ein Spiel aus zwei Halbzeiten à 45 Minuten bestand. Also müsste er schon lange zu Hause sein. «Warum macht er das?», fragte sie sich. «Warum ruft er nicht an, wenn er länger wegbleibt?» Sie wählte seine gespeicherte Nummer. Sein Mobiltelefon war weiterhin ausgeschaltet.

Es war kurz nach eins, als Anne mit der Biografie einer Schauspielerin zu Bett ging. Auf der Bettdecke schnurrte der Kater und wollte gekrault werden. Anne blätterte im Buch, las ein paar Seiten und fand es zu banal, um sich damit abzugeben. Ihre Gedanken waren woanders. Sie klappte das Buch mit der Lebensgeschichte zu. Bevor sie das Licht löschte, schaute sie auf den Wecker. Ein Uhr dreißig.

Kein Lichtstrahl drang durch den Spalt unter der Wohnungstür. Nichts, was darauf hindeutete, dass sich jemand im Treppenhaus befand. Ihr Ohr, das nicht auf dem Kopfkissen lag, lauschte auf jedes Knarren, um näherkommende Schritte auszumachen. Doch nichts rührte sich, nur einmal stöhnte der Kater. Anne setzte sich wieder auf.

«Bestimmt kommt er bald», dachte sie und hoffte, sich an dem Mantra aufzurichten und mit jedem einzelnen Wort sein

Heimkommen zu beschleunigen. Die Worte schwollen in ihrem Mund, und als Anne sie aussprechen wollte, brachte sie nichts als Luft über ihre Lippen.

Ruhig atmen, lockern, entspannen, loslassen! Annes Finger gehorchten nicht. Sie hörten auf ein anderes Kommando. Sie krümmten sich, während die Fingernägel sich in die Handflächen krallten und winzige Mondsicheln zurückzuließen. Nichts ging mehr. Sie ahnte es. Diese Nacht würde sie kein Auge zu tun. Anne ging in die Küche, goss sich ein Glas Cognac ein, rauchte eine Zigarette und kam sich lächerlich vor. Eine fette Spinne hing an einem Faden über dem Spülbecken. Die Abhängigkeit von anderen ist eine Schande, fand Anne, während sie das an seinen eigenen Körpersäften baumelnde Insekt betrachtete.

Zwei Mal schlug die Turmuhr. «Er wird gleich hier sein», wagte sie einen erneuten Versuch. Doch bevor die Beschwörung wirken konnte, hatte der Zweifel einen Keil dazwischen getrieben. Der Satz zersplitterte und ließ sich nicht mehr zusammensetzen. Anne konnte sich nirgendwo festhalten.

Noch während sie befürchtete, dass sie genauso zerbrechen könnte, einfach so, ohne dass jemand sie rettete, erfasste sie ein zentrifugales Drehen. Sie torkelte zur Toilette und kauerte sich daneben. Sie war erbärmlich – wie sie den Zeige- und Mittelfinger in den Hals steckte und zu würgen begann. Nun war ihr wirklich schlecht.

«Dieser indolente Ignorant lässt es zu, dass ich leide.» Sie ergab sich einem Schwall ihrer Lieblingsschimpfwörter. Wut und Trotz darüber, dass es ihr nicht mehr zustand, wie ein verwöhntes Gör auf den Boden zu stampfen und Scham über ihr eigenes Verhalten vermischten sich.

Früher gab es für diese Momente das Papiermesser in der Schreibtischschublade. Damit hatte sie sich Streifen in die

Haut geritzt, dankbar, in der Öde auf Flüssigkeit zu stoßen und eine Stockung zum Fließen zu bringen. Früher.

Jetzt trat sie auf die Dachterrasse und atmete tief durch. Chemie lag in der Luft. Durch die Nacht summte ein Generator. Am Himmel hielt der Vollmond Hof.

Irgendwo war er, im Treppenhaus brannte kein Licht, kein Laut war zu hören, kein Schlüssel drehte sich in der Tür. Sie sah auf die Uhr, die sie immer noch am Handgelenk trug. Zehn nach drei zeigten die Zeiger.

Wieder suchte Anne ihr Bett auf. Der Kater hatte sich eingerollt. Anne vertiefte sich in ein Kapitel, in dem die Autorin den Mann, den sie einst geliebt hatte, verließ, und nahm sich vor, dasselbe zu tun, doch schon beim Gedanken daran wurde ihr elend. Verlassen, ja, sie fühlte sich verlassen und ganz allein mit ihrer Angst.

«Warum nur scheint das Licht der Nachttischlampe so eisblau durch das Zimmer?», wunderte sich Anne. Sie fror, sie schlotterte. Sie schlug die Krallen in ihre Waden und zog sie hin auf über die Oberschenkel und Hüften bis in die Achselhöhlen. Wieder und wieder, in einem masochistischen Ritual der Selbstgeißelung, bis ihre Kränkung und Angst sich umarmten und in einem Rhythmus widersprüchlicher Gefühle zu tanzen anfingen.

Als Anne endlich losflennte, befreite sich ihre Furcht aus der Umarmung, um mit den fremden Ängsten, die sich ins Schlafzimmer geschlichen hatten, durch den Raum zu wirbeln. Sie huschten als Schatten über die Wand. Seufzer jagten ihnen hinterher durch die ganze Wohnung. Anne rappelte sich erneut auf. «Was habt ihr hier zu suchen? Haut ab! Verschwindet! Raus mit euch!», schrie sie, als wollte sie gegen eine Invasion von Ausreißern antreten. «Ihr geht mich nichts an, ich gehöre nicht zu euch. Ich muss nicht leiden wegen einem, der nicht heimkommt. Ich nicht.» Gegen vier sank sie erschöpft ins Bett. Nichts regte sich mehr.

Es war ein warmes Leuchten, das in ihr Schlafzimmer drang und sie wieder unter der Decke hervorkriechen ließ. Anne folgte dem Schimmer, der aus der Küche kam. Auf der Türschwelle zur Küche blieb sie stehen. Sie hielt den Atem an. Durch den Schleier, den ihre Tränen vor die geröteten Augen gezogen hatten, konnte sie eine Versammlung schemenhafter Gestalten ausmachen. Anne befeuchtete ihre Finger mit Speichel und rieb sie über die salzverklebten Wimpern.

Im Sessel thronte eine Greisin. Ihr weißes Haar wellte sich über die Lehne und floss über die rotbraunen Kacheln des Fußbodens weiter. Die Alte spielte mit einem glänzenden Faden. Zu ihren Füßen erkannte Anne ihre erschöpfte Freundin Martha. Eine dicke Schwarze verteilte Karten auf dem Küchentisch, um sie sogleich wieder einzusammeln und von neuem zu beginnen. Sie sah aus, als wäre sie einer Karikatur entsprungen, und brummte etwas auf Portugiesisch oder Kreol vor sich hin. Anne verstand kein Wort. Die Frauen mussten auf der Suche nach ihren ausgeschwärmten Ängsten zur offenstehenden Balkontür hereingekommen sein, vermutete Anne. Sie setzte einen großen Topf Wasser für Tee auf den Herd. Die blasse Verkäuferin vom Quartierladen, deren Ringe unter den Augen in dieser Nacht noch dunkler schienen, ging ihr zur Hand. Sie stellte Teetassen auf den Tisch und übergoss den Beutel mit siedendem Wasser. Es wurde warm in der Küche. Die Gäste schlürften Ingwertee. Eine Rothaarige, die auf dem Diwan Platz genommen hatte, rührte Zucker in die Brühe, viel Zucker. Durch das Mobiltelefon, das neben ihr auf dem Tisch lag, würde sie für immer mit dem Warten verknüpft bleiben. Die Spinne, die sich in der Zwischenzeit abgeseilt hatte, kroch über den Herd und brachte sich in Sicherheit.

Vielsprachige Zungen setzten Geschichten vom Verschwinden und Warten in die Runde. Martha erzählte von einem, der nur kurz Zigaretten holen wollte und … Alle prusteten los, was nicht besonders zartfühlend war. Aber die Geschichte war ein Klassiker und gehörte zum Kulturgut. «Lacht nur», sagte Martha, «aber es ist genauso passiert, zwei Tage nach unserer Hochzeit.» Die weißhaarige Greisin – sie hieß Penelope – gluckste vor sich hin. Sie stellte in diesem Kreis etwas ganz Besonderes dar. Weil sie als Verkörperung des weiblichen Wartens Jahrhunderte überdauert hatte, gehörte ihr der Ehrenplatz in dieser Runde. Penelope wandte sich der Blassen zu, die vom Krieg sprach, den niemand wollte; auch ihr Sohn nicht, den sie *Pferdchen* nannte. «Jede Nacht, wenn ich mich unruhig im Bett hin- und herwälze, kommt *Pferdchen* hinkend aus dem Minenfeld zurück. Er hat nur noch ein Bein», erzählte sie aufgelöst.

Eine ältere Frau, deren immer noch schwarzes Haar unter einem nach hinten gerutschten Kopftuch hervorschaute, wollte es sich gerade bequem machen. Zärtlich strich sie Anne mit der Rechten über die wild vom Kopf abstehenden Locken, bevor sie sich auf die Bank setzte. «Mögen deine Augen nie Böses sehen», sagte sie, während sie ihren eigenen Schmerz verschwieg; die endlosen Stunden des Wartens, die immer dunkler geworden waren, bis die neuen Machthaber nach sieben Nächten den leblosen Körper ihres Mannes nach Hause brachten. Sie verschränkte die Arme über dem Bauch und atmete tief. Auf ihn würde sie nie wieder warten müssen.

Die Küche dampfte. Draußen dämmerte es. Im anbrechenden Tag verblichen langsam die Gestalten der Frauen – eine nach der anderen, bis sie nicht mehr zu sehen waren. Anne legte die Füße auf den Küchentisch und begann mit einer Pinzette die Haare von den Beinen zu zupfen. Sie riss jedes einzelne Haar mit der Wurzel aus. Ein Haar für jede durchwachte Nacht ihrer ungebetenen Gäste. Sie würde nie mehr aufhören können. Ich bin nichts Besonderes, stellte sie fest und zupfte weiter.

Es krähte kein Hahn.

Die Blendung

Hell, heller, am hellsten. Als ein Engel mit dem Namen Gabriel dem Kaufmann die Botschaft überbrachte, beugte dieser sein Haupt und verhüllte sein Gesicht. Er wäre sonst vermutlich erblindet, weil das Licht, das von der geflügelten Gestalt ausging, seine Augen versengt hätte. Dann hätte er den Weg zu Khadija nicht mehr gefunden, die ihm damals als Einzige den Rücken gestärkt und nie an an den Worten der himmlischen Erscheinung ihres Gatten gezweifelt hatte. Vor lauter Licht, das die Atmosphäre erstrahlte, konnte er den Engel zwar nicht sehen, aber sehr wohl hören. Irgendwann wäre er den wilden Tieren zum Opfer gefallen, und das Buch, das noch im 21. Jahrhundert die Welt in Aufruhr versetzen konnte, wäre nie geschrieben und nie gelesen worden.

Doch es kam so, wie es gekommen ist. Rund 1390 Jahre später irrte ein Mann durch eine Stadt in einem Land, das im Namen eines Gottes und seines Propheten, des besagten Kaufmanns, regiert wurde. Dort durfte es keine Wunder geben, da alles bestimmt und geregelt war, vom Gesetz des Einzigen, das *sie*[19] zu ihren Gunsten auslegten.

Den Mann, der durch die Stadt irrte, trieben Baugeschäfte von einer Behörde zur anderen. Keinem der Autofahrer der

---

19 Namen zu nennen oder die Regierung zu kritisieren kann gefährlich sein. Wer im Iran von *sie* spricht, weiß wer gemeint ist.

Megacity wäre es in den Sinn gekommen, anzuhalten – auch nicht vor dem Zebrastreifen. Der Schwitzende rannte bis zur Mitte der Fahrbahn. Dann zwängte er sich zwischen den hupenden Autos und schrottreifen, orangefarbenen Taxis hindurch. Er hustete und wischte sich mit einem Kleenex über Mund und Stirn, bevor er das feuchte Papiertuch zusammendrückte und in den Straßengraben warf. Ein paar gierige Krähen mit grauen Bäuchen und schwarzen Flügeln hüpften vom Trottoir in den Rinnstein und flatterten zurück.

Die Passanten, die ihm entgegenkamen, richteten ihren starren Blick auf den Gehsteig, der aus einem Flickwerk von Stufen und Löchern im aufgeworfenen Asphalt bestand. Einzelne lösten sich aus der Masse und krochen wie Schnecken dicht an den Mauern entlang, als wollten sie sich aus der räumlichen und zeitlichen Existenz verdrücken. Die anderen hasteten hinauf und hinunter, um sogleich wieder in den dunklen Fluss der Menge einzutauchen. Sie achteten nicht aufeinander. Ein verirrter Singvogel hoch oben im Geäst der weißgrau gefleckten Platane trillerte sein Gebet der Sonne entgegen. Unten kamen sich die Krähen in die Quere. Mit ihren scharfen Schnäbeln hackten sie nach allem, was sie verwerten konnten.

«Wie schön Sie sind», säuselte eine Stimme hinter dem Fußgänger. Sie meinte nicht die Krähen, sie meinte den Mann. Der Schwitzende blieb nicht stehen, um einen Blick zurückzuwerfen. «So warten Sie doch!»

Entschieden setzte der Geschäftsmann einen Schritt vor den anderen, ohne wirklich voranzukommen und ohne sich nach der Gestalt, die sich an seine Fersen geheftet hatte, umzudrehen. «Verschwinden Sie!», murrte er, was die Person hinter ihm jedoch nicht abschreckte. Schon erklang ihr Lachen direkt neben ihm. Es war ein weibliches, ein lautes, ein unverschämtes Lachen.

«So bleiben Sie doch stehen!», überholte ihn die Frau und versperrte dem Gejagten den Weg. Sie stellte sich direkt vor ihn hin und fixierte seine Augen. Sie konnte es sich erlauben, sie lebte am Rande der Gesellschaft und gehörte dennoch dazu. Eine Zigeunerin, wie er vermutet hatte; weder jung noch alt, weder schön noch hässlich im gängigen Sinn. Doch die Augen der Frau strahlten türkisfarben durch das Grau der Stadt. Über ihnen hoben und senkten sich – gleich dem Flügelschlag einer Schwalbe – dichte, über der Nase zusammenlaufende Brauen. Ein locker um den Kopf gewundener, heller Schal umspielte ihr Gesicht.

«Die Frau ist schön, aber was will sie bloß von mir?», fragte sich der Geschäftsmann, als sie nach seiner linken Hand fasste. Er schüttelte sie ab. «Ich hab zu tun. Was wollen Sie, wie viel?», fragte er.

Sie aber streckte nur kurz das Kinn in die Höhe und warf den Kopf in den Nacken, um ein Nein anzudeuten. «Sie haben große Probleme, mein Lieber.» Mein Lieber; was für eine aufdringliche Art! Dann lachte er trocken.

«Kunststück», entfuhr es ihm heiser, denn er vermutete, dass die Frau ihn schon lange verfolgt hatte. Vielleicht hatte sie ihm aufgelauert und beobachtet, seit er vom Gericht gekommen war. Die Leute sind schlau, aber er verwarf den Gedanken. «Mach, dass du wegkommst!», duzte er sie, doch die Zigeunerin ließ sich nicht abwimmeln. Er kramte ein paar Scheine aus der rechten Hosentasche und streckte sie ihr entgegen.

«Behalte dein Geld», protestierte sie und schob die offenen Handflächen durch die Luft. Darauf fächerte sie mit ihren großen Händen so vehement hin und her, dass die goldenen Reifen an ihren Armen gegeneinander klirrten.

Niemand bemerkte die beiden. Niemand blieb stehen. «Hör zu», sagte sie, «du kannst gewinnen, aber du musst alles von Grund auf ändern. Das sehe ich», und dabei deutete sie mit Zeige- und Mittelfinger auf ihre Augen. Dem Mann schien es, als leuchteten diese noch heller als zuvor. Noch einmal versuchte er, die Fremde abzuwimmeln, indem er ihr das Geld hinhielt. Da ergriff sie ganz ruhig seinen Arm und stieß die Hand mit den Banknoten sachte zurück. «Geh jetzt, und denk an das, was ich dir gesagt habe. Kämpfe gegen alles, was hart ist, aber öffne dein Herz. Wenn alles gutgegangen ist, kannst du meinen Wunsch erfüllen.»

«Was für einen Wunsch?», wollte er ihr nachrufen, doch da war sie schon zwischen den anderen Fußgängern abgetaucht. Nichts deutete darauf hin, dass sie einmal hier gewesen war.

Er suchte nach seinem Feuerzeug, zündete eine Zigarette an, rauchte ein paar Züge, um sie sogleich darauf fallen zu lassen und mit der Schuhspitze auszudrücken. Dann betrat er die Bank. Es roch nach Schweiß und Papiergeld, das schon durch tausend Hände gegangen war. Über den Schaltern lagen die Wartenden beinah aufeinander, so dicht kamen sie sich. Kein Diskretionsstreifen trennte die Kunden. Als der Mann an der Reihe war, überwies er den Betrag, den er dem Gericht im Voraus bezahlen musste, und nahm eine Quittung entgegen.

Auf der Straße winkte er ein Taxi herbei. Der Taxifahrer klagte über alles, wie die meisten Taxifahrer in Teheran, bis er bei *ihnen* angelangt war. Keines ihrer Versprechen hätten *sie* eingelöst, schimpfte er. Er meinte damit die Regierung und faselte etwas von goldenen Toiletten, auf denen *sie* säßen. Das sei nicht im Sinne Hosseins, des dritten Imams der Schia. Der Mann, der keine Lust hatte, über Politik zu sprechen, erzählte von der Zigeunerin.

Als ob er auf dieses Stichwort gewartet hätte, begann der Chauffeur mit seiner Geschichte: «Kürzlich war ich in Isfahan. Ich hab dort ein Taxi verkauft, aber der Scheck, den mir der

Käufer dafür gab, war nicht gedeckt.» Wieder war er bei seinem Lieblingsthema, der Ungerechtigkeit, angelangt. «Wir haben alle kein Geld. Ich muss Tag und Nacht arbeiten, hab Familie. Der Käufer, dieser ...», fluchte er, «sitzt jetzt im Gefängnis, und ich kann für diesen Betrüger aufkommen.» Der Fahrgast blickte ihn fragend an. «Ja, so ist es. Bringen Sie nie jemand hinter Gitter, wenn sie nicht für ihn blechen können.» Ohne dass der Mann etwas sagen konnte, quasselte der Taxifahrer weiter. «Also, ich bin wieder mal in Isfahan wegen der Sache mit dem Scheck, da haut mich ein Afghane an: ›Kommen Sie mit. Ich kann Ihnen helfen.‹ Das war so 'ne Art Derwisch.»

«Und?», erwiderte der Passagier, der froh war, dass der Taxifahrer ihn nicht in ein Gespräch über die Regierung verwickelte. «Ja also, ich glaub ja nicht an Mädji Pädji[20]», fuhr der Chauffeur fort, «aber ich geh mit ihm in den Hinterhof eines Hauses. Der Afghane kommt mit einem Eimer und stellt ihn unter den Wasserhahn im Hof. Als er voll ist, beginnt er mit seinem Hokuspokus. Und stellen Sie sich vor, das Wasser im Eimer fängt an, sich zu verfärben! Zuerst milchig weiß – beim Koran», beteuerte er und vergaß dabei beinahe, das Lenkrad mit den Händen festzuhalten, «dann wird es dicker, so wie Eiter.»

«Wirklich?» Der Mann schüttelte den Kopf.

«Ja, aber ... », und wieder tat er einen Schwur, wenn auch diesmal bei der Seele seines Fahrgasts. «Dann beginnt die Flüssigkeit zu kochen, und ein Büschel schwarzer Haare erscheint an der Oberfläche. Nachdem der Derwisch es aus der Suppe gefischt hat, tauchen weiße und rote Stofffetzchen auf. Darauf steht mit schwarzer Schrift ...»

Der Kunde blickte durch die Taxischeibe. «Hier sind wir», sagte er, ohne das Ende der Geschichte abzuwarten. Die ver-

---

20 Magie; Beginn eines persischen Zauberspruchs für Kinder

witterte Fassade eines Hochhauses gegenüber zeigte die Flagge des Erzfeindes der *Islamischen Republik Iran*, aber anstelle der Sterne starrten ihm fünfzig Totenschädel mit leeren Augen entgegen.

«Stellen Sie sich so was vor, ich habe es mit eigenen Augen gesehen!», bekräftigte der Chauffeur, bevor er aufs Bremspedal trat.

Zwölf Stufen zählte der Mann, als er wieder zum Hauptportal des Gerichts hinaufstieg. Die Wachen hinter dem Tor tasteten ihn ab. Sein Mobiltelefon, das goldene Feuerzeug und die Tasche verschlossen sie in einer Schublade. Nachdem der Mann die Bankquittung vorgewiesen hat, ließ er sich eine Nummer geben. «Warten Sie hier!», befahl der Beamte. Auf einer der dunklen Bänke, die bei jedem Atemzug knarrten, nahm er neben einem dürren Alten Platz, der in Selbstgespräche vertieft war. Er blickte auf den Schriftzug an der Wand des Korridors. Weder .ST noch .ST. Drei Buchstaben – O und WE – hatten sich aus der schief hängenden Schnitzerei aus Holz gelöst. Weder Ost noch West, lautete der Satz, als er noch neu gewesen war.

Niemand kam, um ihn abzuholen. Er stand auf. «In den dritten Stock rechts», sagte ein Beamter, der mit einem Stapel Akten beschäftigt war. Der Geschäftsmann hetzte durch die Gänge. Kurz vor zwölf betrat er ein Zimmer.

Hinter einem hohen Podest lugte das glänzende Gesicht eines Richters unter einem Turban hervor, der einmal weiß gewesen war. Durch den gestutzten dunklen Bart schien der Richter noch bleicher. Er schaute auf eine Gruppe ärmlich gekleideter Männer herab, die alle zur selben Zeit das Wort ergriffen. Einer von ihnen war böse zugerichtet und humpelte auf den Richter im grauschwarzen Kaftan zu. Die Beschuldigten, die sich aus ihren Stühlen erhoben hatten, legten bei jedem Wort in einer Geste des Respekts, die durch die Wiederholung zur Unterwürfigkeit wurde, ihre rechte Hand aufs Herz.

Der Bärtige hörte nicht zu und winkte den Wartenden, der neben dem Türrahmen stehen geblieben war, herein, ohne auf die Erklärungen der anderen zu achten. «Im ersten Untergeschoss», antwortete er auf dessen Frage.

Anschließend erhob er sich und stieg mit zur Schau gestellter Gelassenheit – die winzigen Hände auf dem Rücken verschränkt und den mächtigen Bauch vorgeschoben – von seinem Podest. Mit einer abweisenden Geste seiner Linken schickte er die Anwesenden hinaus. Er schlüpfte aus den an den Fersen heruntergetretenen Schuhen, die dadurch wie Hausschuhe aussahen, und breitete ein Tuch aus, auf das er einen Gebetstein legte. Zeit fürs Mittagsgebet.

«Befarmayid, bitte», zischte er unwirsch, da der Mann immer noch unter dem Türrahmen stand. Dann warf sich der Richter zu Boden. Das Ganze dauerte über eine halbe Stunde. Er ließ sich Zeit. Denn die Achtung der göttlichen Gebote verlieh ihm das Recht, seinen Nächsten mit Geringschätzung zu strafen. Doch vielleicht dachte er sich gar nichts dabei, wollte es einfach nur auskosten, solange es noch ging, im Namen Gottes über andere Macht auszuüben.

Der Geschäftsmann eilte die Stufen hinab, an den scherzenden Polizisten im Erdgeschoss vorbei, die die Handschellen symbiotisch mit den Sträflingen in den blau-weiß gestreiften Anzügen verbanden, bis er im Untergeschoss angekommen war. In den Gängen hing ein feuchter Geruch nach alten Dokumenten und menschlicher Ausdünstung.

Endlich wies ihn jemand in eine fensterlose Zelle und ließ ihn allein. Unruhig ging er im Zimmer auf und ab, bis er auf einem der drei Schemel Platz nahm. Den einzigen Blickfang hoch oben an der Wand bildeten die aus dem Lot geratenen Porträts dreier bärtiger Männer unter einer unruhig flackernden Neonröhre. Der Mann rang nach Luft. Er öffnete den obersten Knopf seines Hemds und bemühte sich, das Zittern seiner schweißnassen Hände unter Kontrolle zu bekommen. Die Armbanduhr tickte. Ob sie ihn wohl vergessen hatten?

«… Alles von Grund auf ändern … du kannst gewinnen … öffne dein Herz.» In seinen unregelmäßigen Pulsschlag mischten sich die Worte der Unbekannten. Sie strömten wie ein türkisfarbenes Serum mit dem Blut durch seine Adern und hatten einen hellen Klang. Langsam, ganz langsam pendelte sich sein Herz in den gleichmäßigen Rhythmus ein, der ihn wiederaufrichtete. Sein Atem ging ruhig. Ein schwacher Schimmer schob die Mauern zurück und weitete den Raum. Als sich hinter der Tür Schritte näherten, war der Wartende schon aus der Zeit gefallen.

Zwei Bärtige in langen Mänteln stießen die Tür auf und glitten herein. Kaum merklich hoben sich die Schultern und Oberarme des Älteren, was ihn für einen Moment größer erscheinen ließ. Die Blicke der beiden Staatsangestellten – ein Richter und sein Gehilfe – trafen sich. Gegenseitig suchten sie in den Augen des anderen die Bestätigung dafür, dass sie keinem Trugbild aufsaßen. Der Richter versuchte Haltung zu bewahren. Dann setzte er sich und heftete dabei seine Augen auf die speckigen Papiere, die er einer blassrosa Kartonmappe mit halbmondförmigen Teetassenspuren entnahm. Unaufhörlich blätterte er darin, als ob er etwas suchte. «Sie sind …, Sohn des …, geboren in … am …» Mit einem Räuspern überspielte er seine Verwirrung, während ihm der Jüngere mit dem ausgebleichten roten Bart, leicht gebeugt, aber immer noch stehend, die Büroklammern reichte.

«Was ist das für ein Licht?», wunderte sich dieser und fuhr mit dem Zeigefinger der linken Hand mehrmals kreisend über seine Augenlider. Er bückte sich nach den Akten, die dem Richter aus den Händen geglitten waren. Unbeholfen versuchte er sie einzusammeln, um die Ordnung wiederherzustellen.

«Im Namen ...», setzte der Richter an, aber die Blätter begannen sich zu wellen, während die Buchstaben des Textes sich vor seinen Augen verschoben, um neue Plätze einzunehmen. Bedeutungslose Laute stotterten über seine Lippen, als er die Worte zu fassen versuchte. Sie tanzten hin und her und widersetzten sich jeglichem Sinn. Kalte Tropfen flossen über die Stirn des Richters, der es nicht wagte, seinen Blick auf die auf dem Schemel gegenüber hockende Gestalt zu richten. Denn das türkisfarbene Licht, das von dem Mann ausging und schon auf die wenigen Gegenstände im Raum abgefärbt hatte, war viel zu hell.

Schwankend erhob sich der Richter und zog den schwarzen Umhang wie einen Flügel vor sein Gesicht. Die Finger seiner linken Hand suchten den Mantel seines Gehilfen. Kaum hatte er einen Zipfel erwischt, entfernten sich beide, ohne die Füße vom Boden zu heben, vom Ort des Geschehens.

Als sie im Erdgeschoss ankamen und hintereinander an den blau-weißen Sträflingen vorbeischlichen, machte es klack. Sie hörten es nicht. Sie bemerkten nicht, dass sich das «Weder» aus der Schrift an der Wand gelöst hatte. Nach einem erneuten Klack lag auch schon das «Noch» auf dem Boden. Der türkisfarbene Lichtstrom, der vom Untergeschoss ausging, durchflutete bereits das gesamte Erdgeschoss. Es war Zeit für ein Wunder.

Unter uns

Es war einmal ein Land, ein Land, das ist nicht mehr. Es war einmal ein Land. Es ist schon lange her.

Es hatte keinen König und keine Königin. Es hatte einen Ruf. Menschen hatten eine Stimme, und sie hatten eine Wahl, hieß es.

Der Einheimische, der beides hatte, warf sich in die Brust. Unter freiem Himmel mit Ausblick in alle Himmelsrichtungen und einer roten Fahne mit weißem Kreuz huldigte er einer mythisch nationalen Identität, die nicht aus Abstammung, sondern aus Geist geboren war. Viele ließen sich vom Schein dessen, was sie als *älteste Demokratie der Welt* bezeichneten, blenden. Er war so hell, dass er andere Menschen, die nicht im Licht standen, einfach ausblendete. Sie existierten zwar, wie die Frauen, hatten aber in Hinterwalden noch nichts zu sagen. Das galt bis ins Jahr 1971, als selbst in Ländern, die nicht als Demokratien galten, weibliche Wesen schon lange am öffentlichen Leben beteiligt waren. Aber davon wollten die Hinterwäldner nichts wissen und zimmerten weiter am Mythos ihrer ausschließenden Demokratie. So fühlten sie sich sicher, begrenzt sicher.

Das ABC der Losgelösten

Die, die nicht dazugehörten, hatten keine Stimme und wurden Ausländer genannt. Sie hatten ihre Stimme gegen eine Aufenthaltsbewilligung des Schweigens eingetauscht, die ihnen zur Bestimmung werden sollte. Unterschiedliche Aufenthaltskategorien mit den Buchstaben A, B, C, N und F[21] bildeten ein Grenzschutzkommando im Innern, um die Ausländer, die genauso verschieden waren wie Du und Ich, aus- und gegeneinander abzugrenzen: dicke Frauen, ungehobelte Männer, quengelnde Kinder, mürrische Alte. Die Guten ins Töpfchen, die anderen – quasi als Notproviant für schlechte Zeiten – ins Kröpfchen. So schien es in diesem Land.

Im Prinzip herrschte Rechtsgleichheit, während diese in Wirklichkeit an die richtige Herkunft und den richtigen Pass gekoppelt war. Das Sonder-ABC, das die Menschen bestimmte, die von jenseits der Grenze – eben aus dem Ausland – kamen, bestand aus Schriftzeichen, die man an keiner Schule lernen konnte. Sie entschieden über Zugehörigkeit und Ausschluss, über Freiheit und Mobilität. Das Los der losgelösten Buchstabenidentitäten, der Cs, Bs, Fs, und Ns war kein Zufall. Dieses Los hatte System.

Manche harrten im Schatten des Kastensystems unterschiedlicher Bewilligungen aus. Nicht nur, um nicht mehr zurückgeschickt zu werden an einen Ort, der sich von ihnen gelöst hatte. Auch weil es ihnen hier bessergehen sollte als dort.

---

21 A = Saisonniers: Erlaubnis, pro Jahr neun Monate hier zu arbeiten.
  B = Jahresaufenthalt
  C = Niederlassung
  F = Vorläufige Aufnahme (für Asylsuchende aus Konflikt- und Kriegsländern, die nicht zurückgeschickt werden können)
  N = Status noch nicht entschieden (Asylsuchende)

Doch weil sie fremder Zunge waren, fanden sie kein Gehör. Und weil sie nicht verstanden, blieb ihnen vieles fremd. Ihre Ankunft bis zur staatlich geprüften Teilhabefähigkeit zog sich hin. Sie hatte ihren Preis. Man zahlte in Jahren. Für diejenigen, die hier ganz unten angefangen hatten, führte er von N oder F über B zu C. Und weil sich vieles im Dunkeln abspielte, möchte ich Ihnen hier erzählen, auf welche Weise ein magischer Buchstabe Menschen zusehends verwandeln konnte, bis sie schließlich seiner Macht erlagen.

Im Töpfchen oder die Niederlassung C

Am besten erging es denen, die – je nachdem, woher sie stammten und ob sie sich mit einem, der bereits im Land gewesen war, verbanden – nach einem oder einem halben Jahrzehnt im Töpfchen gelandet waren. Obschon sie immer noch nicht wählen und mitbestimmen durften, waren sie im hierarchischen ABC der Ausländer über B hinaufgekraxelt. Sie hatten meist eine Arbeit. Jetzt konnten sie sich im Land niederlassen, was dazu führte, dass sie eine gewisse Gelassenheit ausstrahlten, die ihnen versprach: «Bald seid ihr angekommen, jetzt dürft ihr – bei guter Führung, versteht sich – hierbleiben.» An Sonntagen, wenn die Eingeborenen ihre Stimmen in den zu Wahllokalen umfunktionierten Schulhäusern abgaben, räkelten sich die Cs mit der Niedergelassenheit wohlig im Bett. Ihrem auf dem Rücken liegenden Buchstaben ähnlich, zeigten sie ein zufriedenes Grinsen.

Manchmal trug C seine Bestimmung wie ein wallendes Cape über den Schultern. Es ließ ihm den nötigen Spielraum, um darunter einiges anzusammeln, und sei es nur ein einheimisches Bildungszertifikat. C hatte bestanden und war nun ein

Zauberbuchstabe, der so manches versprach. Vielleicht würde er nach Jahren ein großes H hinter sich stellen, um endlich ganz dazuzugehören wie der Inländer. Aber erst, nachdem er den Integrationsnachweis, der seine demokratische Mündigkeit bestätigte, erbracht hatte. Von oben blickte C auf B herab, dessen Wert es genau kannte, da es selbst einmal ein B gewesen war.

Ins Kröpfchen: Mit Jahresaufenthalt B und sprachlos

B schaute neidisch hinauf zu C. Denn B erging es etwas weniger sicher – was seine Bleibe betraf – und sicher etwas weniger gut. B stammte aus einer Stadt mit dem Namen Eisenfaust. Dort hatten nur Männer mit eisernen Fäusten eine Chance. B war gekommen, weil sie als Frau keine hatte, keine Chance und keine harten Fäuste. Aber B hatte geschickte Finger und putzte die Pflegeheime der Stadt, wo die Alten Asyl fanden, die sonst niemanden mehr hatten, der sich um sie kümmerte. B dachte an ihre Familie, die sich dem Ort mit dem gewaltigen Namen angepasst hatte.

Auf Knien schrubbte B mit der Bürste über die Fliesen. Selbst unter ihren neonbunten Plastikhandschuhen juckte die Haut ihrer ausgewaschenen Hände. B fragte sich, ob sich dort wohl die Dämonen eingenistet hätten, die sich am liebsten in Grenzbereichen aufhalten und krank machen. Das mit den Dämonen hatte B in Eisenfaust gelernt. Sie waren ein Grund mehr, weshalb B nicht mehr zurückkonnte oder wollte.

In der Fremde fiel ihr die Sprache schwer. Sie klopfte, pochte, prallte, hämmerte mit Wörtern, die B nicht verstand, gegen den vertrauten Klang ihrer Muttersprache, die langsam Risse bekam. B buchstabierte und zerkleinerte die Wörter, bis sie nicht mehr wehtaten. «AUF ENT HALTS BE WIL LI GUNG, AUS LÄN DER AUS WEIS, NIE DER LAS SUNG, IN TE GRA TION», wiederholte sie. Bald schon beherrschte sie das ABC der Losgelösten besser als das Alphabet ihrer Muttersprache, welches sie nie gelernt hatte.

N oder die Nummer im Verfahren

Wer N war, hatte Pech. Denn N blieb über tausend schlaflose Nächte und tatenlose Tage *eine Nummer im Verfahren*, wie es im Behördenjargon hieß. Eine äußerst verfahrene Situation also. Ein Krieg, eine falsche Meinung oder eine falsche Regierung hatten seine Existenz zerrissen. Alles kann sich von heute auf morgen ändern, vor allem in der *Dritten Welt*. N trennte die Zeit in ein Davor, als die Person noch einen Namen hatte und jemand gewesen war, und ein Danach, als sie alles verloren hatte, auch ihren Namen. N, der hier der untersten Kaste angehörte, war nicht in diese hineingeboren. Er war hineingeflüchtet, weil ihm nichts anderes mehr übriggeblieben war, als seine Heimat ohne Pass und auf schnellstem Weg zu verlassen. «Identität steht nicht fest», besagte der rote Stempel über dem Namen auf dem Papier, mit dem N sich ausweisen konnte. Schauen Sie sich den Buchstaben einmal genau an! N war einst ein gerader Strich – dreimal so lang wie ein großes I –, bevor es zweimal geknickt wurde. Wer genau hinschaute, konnte bei den einst aufrechten N-Menschen die Bruchstellen deutlich erkennen.

N hatte schnell gelernt, die Wörter und Blicke der Eingeborenen zu verstehen. «Was erwarten die eigentlich? Dass man ihnen ein Luxushotel bereitstellt? Sollen froh sein, wenn man sie nicht gerade wieder über die Grenze stellt. Sollen froh sein, dass sie ...» – «Ja, was denn? Etwa nicht arbeiten dürfen?», fragte N. Das dem N auferlegte Arbeitsverbot bedeutete Fürsorge. An einen Tropf gehängt, unter Infusionen langsam dahinsiechen, auch wenn man sich bewähren konnte und über einen Beruf verfügte. Während die Akte der Asylsuchenden N, mit einer Nummer versehen und zusammengefaltet, in der Ablage eines Schiebekorpus der Landeshauptstadt verstaubte, begann die Person, zu der die Akte gehörte, sich aufzulösen. Mit ihrer Zersetzung zerfiel die Umgebung und mit dieser die Wahrnehmung.

An den Gitterstäben der Kellerwohnung, in der N hauste, watschelte hinter Mädchenfüßen in sommerlichen Sandalen ein folgsamer Vierbeiner vorbei. Manchmal sah er Turnschuhe unter ausfransenden Jeans vorüberfedern. An der Mauer vis-à-vis hing ein Plakat von *Amnesty International*. «E S H N E H», buchstabierte N. Es ergab keinen Sinn. Schnee schreibt man anders. Was heißt ESHNEH? Das da etwas fehlte, war klar. Wie vertikale Zensurbalken verdeckten die gusseisernen Stangen vor dem Kellerfenster ein Wort, für das es keine Einschränkungen geben darf: M E N S C H E N R E C H T. Doch für ein N gab es kein Menschenrecht.

Zur Not Hilfsarbeit: Im Dunkeln der Küche eines Edelrestaurants für Kunstliebhaber und Lichtgestalten, wo Überstunden und Drohungen keine Rolle spielten, fanden die Ns und Fs, die vorläufig Aufgenommenen von den Rändern einer ausfransenden Welt, Verwendung. Vorne zogen die Betreiber an weiß gedeckten Tischen vorüber und schüttelten gepflegte Hände. Hinten wuschen gebückte Gestalten Salatblätter oder Gemüse und überhörten den Chef, der von Rückschaffung sprach – das blöde Lächeln der Angst auf den Lippen.

Los-Lösung

Eines Tages tauchte ein silbernes Flugzeug in die Nebelschicht ein, die das Land umschloss. Es verlor an Höhe und bereitete über den Feldern kreisend eine Bergungsaktion vor. Ohne Landeerlaubnis schwebte es mit ausgelassenem Fahrgestell über der Erde. Der im Luftraum stehengebliebenen Maschine näherten sich merkwürdige Figuren. Sie versuchten, mit zusammengekniffenen Augen den Namen der Fluggesellschaft durch den Nieselregen zu erkennen. Ein rotes A, ein U, ein S, und schon fügten sich die Buchstaben zu einem Schriftzug zusammen. AUS – *AUSländer* stand in geschwungenen Lettern auf dem Rumpf des Luftschiffs. Unten ertönte ein Aufatmen.

Am Boden begann ein Gerangel und Gedränge, ein Rutschen und Stolpern. Menschen, die aussahen wie Buchstaben, ein havariertes Alphabet, das sich hin und her schubste. Die Buchstabenkarawane der Hinkenden und Humpelnden zog in dieselbe Richtung. Aus dem Bauch des Flugzeugs entrollte sich eine Strickleiter nach der anderen. Und man sah, wie sich an ihr kantige Ns und Fs hochzogen. Runde Bs oder die Hälfte, die nach dem Auseinanderbrechen von ihnen übriggeblieben war, kraxelten hinauf, und selbst einige Cs, denen das Sonntagslachen vergangen war, versuchten noch Tritt zu fassen. Ein A konnte sich nicht mehr halten und purzelte zurück auf die nasse Rollbahn. Es war eine unendlich lange Buchstabenkette, die an der Strickleiter hing und sich hinaufmühte ins Innere des AUSländers, der langsam abhob. Im Nebelmeer unter ihm entschwand das feuchte Grün, das einst Hoffnung gewesen war. Wehmütig blickten die Zurückgebliebenen einem silbernen Vogel mit Buchstabenschweif nach. Seitdem er ins Irgendwo entflogen ist, hat der Regen nicht mehr aufgehört.

Wer weiß

Bevor die Mutter das Land verließ, das für sie Heimat gewesen war, packte sie ihr Lieblingskleid in den Koffer – eine Kreation aus folkloristischen Stickereien auf knisternder Seide. Mit widersprüchlichen Gefühlen und vollgestopftem Gepäck kam sie in die Schweiz.

Damals war die Mutter noch selbstsicher gewesen. Sie mischte sich ein, wo sie Unrecht witterte. Sie stellte sich quer, anstatt sich wegzudrehen. Lautstark beschwerte sie sich beim Busfahrer, wenn sich die Türe quietschend schloss und er seine Fahrgäste draußen im Regen stehen ließ. «Halt d'Schnuure, du Sauschwob[22]», ratterte es folglich stereotyp herunter, als hätten die Worte der Mutter mit einem Druck zufällig den Mechanismus einer Sprechpuppe ausgelöst. Die Tochter schämte sich dafür, und sie schämte sich auch, mit einem *Sauschwob* im Bus zu fahren. «Sprich nicht so laut, sonst merken die, dass wir Ausländer sind!», bekniete sie ihre Mutter. Die Tochter wollte dazugehören, die Mutter wollte nach Hause. Dorthin, wo man Bosheiten nicht in Prinzipien wie Pünktlichkeit kleiden konnte.

Am Anfang war die Mutter noch hörbar gewesen. Doch mit den Jahren schrumpften ihre Worte in der Straßenbahn zu ei-

---

22 Schimpfwort gegen Deutsche, oft auch gegen Deutschsprechende in der Schweiz verwendet. Heute veraltet und politisch unkorrekt wie *Tschingge* für Menschen aus Italien.

nem winzigen Flüstern. Es war schon einige Zeit her, seit sie von Wien nach Basel gekommen war, als sie sich vom Zahnarzt erniedrigt und beleidigt glaubte. Anstelle des kranken Zahns hatte er ihr mit den Worten «Hocken-Sie-ab-und-machen-Sie-das Maul-weit-auf!» ein Stückchen Persönlichkeit entzogen.

«Bin ich ein Tier, hab ich ein Maul?», fragte sie verstört. Sie konnte es nicht fassen, dass ein Zahnarzt in der deutschen Schweiz den sprachlichen Unterschied zwischen dem Mund eines Menschen und dem eines Tieres nicht in den Griff bekam. War sie vielleicht bei einem Veterinär gelandet? Ruckartig riss sie sich aus dem Praxissessel, um mit rotem Kopf und mit schmerzendem Zahn das Schutz bietende Heim zu erreichen – eine Miniaturausgabe von Schloss Schönbrunn in dem bewusst gewählten Kaisergelb.

Manchmal lud die Nachbarin vom oberen Stock die Mutter zum *Zvieri* oder zum *Kaffeekränzchen* ein. Die Pendule im Wohnzimmer, die jede Viertelstunde schlug, erinnerte daran, dass die Zeit kostbar war. Man musste sie gut einteilen. Blieben die Damen zu lange, begannen die Augen der Gastgeberin zwischen Uhr und Gästen hin und her zu flackern. Die allabendliche Heimkehr des Gatten stand bevor. «Dr Maa khunnt!», fiepste sie dann, bevor sie aufstand und nervös durch die Zimmer fegte. Wie auf ein Signal hin erhob sich auch das Damenkränzchen und wurde samt Jacken und Taschen vor die Türe gesetzt.

Die Eigenarten dieser Gastfreundschaft erstaunten die Mutter. «Was hat diese verschreckte Frau von ihrem braven Mann schon zu befürchten?», fragte sie ihren Gatten. Als er sie aufklärte, dass er in der neuen Heimat das Recht hätte, ihr eine Erwerbsarbeit zu verbieten, erschrak auch sie. Sie blickte auf ihre Anstellung bei der Bank zurück. Die Arbeit hatte ihr geholfen, in den Nachkriegsjahren sogar ihre Mutter über die Runden zu bringen. Sie war stolz darauf.

Ihr Mann arbeitete bei einer multinationalen Firma, wo schon in den späten Sechzigerjahren das Kollegium weltgewandt und mehrsprachig war. Was jedoch die Stellung und Anstellung der Frauen betraf, war die Mutter in ein Entwicklungsland geraten. Einer Beschränkung auf Haushalt, Kaffeetratsch und vor allem auf *dr Maa khunnt* konnte sie gar nichts abgewinnen.

Deshalb verlegte sich die Mutter auf eine erweiterte Art der Kommunikation und begann ihre Zwiesprache mit den Toten. Wann immer sie eine Gelegenheit dazu fand, zog es sie auf die ländlichen Gräber ins nahe Elsass oder nach Deutschland. Nur ihrer Tochter vertraute sie das Geheimnis der Friedhöfe an, aus Angst, Mann und Sohn könnten sie für verrückt halten; was sie im ursprünglichen Sinn des Wortes auch war. Verschoben und versetzt in eine ihr unheimliche Enge unter Lebenden, von denen sie sich angebellt und abgelehnt fühlte. Wenn sie hierbleiben wollte, würde sie eingehen wie ein viel zu heiß gewaschenes Kleid aus Kaschmirwolle.

Der Tod war der Mutter nie fremd gewesen. Er hatte sie oft besucht. Als ihr Vater an einem Herzinfarkt auf dem Biedermeiersofa verschied, weil sein Steinbruch in Slowenien bankrottgegangen war, war sie erst dreizehn Jahre alt. Später dann, als die Uhr im Wohnzimmer einfach von der Wand fiel und ihre Mutter sagte: «Jetzt ist er tot», verlor sie den einzigen Bruder und ihre Mutter den einzigen Sohn an einen Schützengraben irgendwo im Kaukasus. «Wo bist du jetzt?», wollte ihre Mutter mit dem Pendel in der Hand von dem gefallenen Sohn wissen. «Auf dieser Welt war es schöner», soll das Pendel an seiner Stelle auf die Frage geantwortet haben.

Was ihre Nachkommen betraf, spürte sie, wie es in der Ferne um sie bestellt war. Waren sie in Bedrängnis, füllten verzweifelte Briefe den Briefkasten an der Grenzacherstraße in

Basel. Die abergläubische Witwe pflegte bis zu ihrem Tod mit allerhand magischen Praktiken den Umgang mit Heiligen und Unheiligem.

Erst im Exil führte die Mutter diese verschrobene Gewohnheit fort. So suchte auch sie in spiritistischen Sitzungen regelmäßig Kontakt zu ihren Vorfahren. Sie begannen in ihrem Alltag ein und aus zu gehen, ohne dass sie viel Aufhebens davon machte. Die Erste, die aus dem Jenseits in die Schweiz zu Besuch kam, war ihre verstorbene Mutter. Sie sprach ihr Mut zu, sorgte sich um sie und spendete ihr Trost.

Nach und nach fiel der Mutter das Hören schwerer. Ihre Ohren verschlossen sich den Lauten, die ungeschliffen an ihr Trommelfell drängten. Die Härchen im Gehörgang stellten sich auf und fingen die Schallwellen ab, anstatt sie weiter an ihr Ziel zu transportieren. Ihre Kinder lachten, wenn aus diesem Grund Sinn plötzlich Unsinn und Unsinn neuen Sinn ergab.

Beinahe umgekehrt proportional zum Verlust des Hörvermögens, verhielt sich der Geruchssinn der Mutter, mit dem sie feststellen konnte, wer bei ihren Kindern zu Gast gewesen war und was jener zuvor gegessen oder getrunken hatte. Im Tram vermied sie es von da an, den Leuten zu nahe zu treten. Später erschnüffelte sie auch die Liebschaften ihrer Tochter. Dass Gott alles sieht, hatte die Tochter im Religionsunterricht gelernt, die Mutter aber roch alles.

Die Tochter besaß eine Katze mit schwarzglänzendem Fell und schilfgrünen Augen; teetassengroß wie die des Hundes, der in Andersens Märchen einen Schatz bewacht. Die Mutter liebte die anschmiegsame Geschmeidigkeit dieses Tieres, die nichts mit der unbedachten Wortgewalt der Menschen zu tun hatte.

«Wie sprichst du mit deiner Katze?», fragte die Mutter eines Tages ihre Tochter, die ahnte, dass es sich dabei um keine gewöhnliche Frage handelte, sondern dass die Antwort darauf über Zugehörigkeit und Fremde entschied. Hätte die Tochter – wenn auch nur um die Mutter zu necken – den hiesigen Dialekt genannt, hätte sie etwas wie ein Atemfetzchen sehen können, das sich aus dem Körper der Mutter entfernte. Wie konnte die Mutter nur so maßlos sein und ihre Sprache gegen sämtliche Sprachen der Welt aufwiegen!

Die Tochter mit dem Silberzahn, der sie auszeichnete und ausgrenzte zugleich, stand in einem rot-grünen Trachtenröckchen in ihrem Zimmer und übte: «Waas wolltäst du mit dem Dolcchä sprecch …» Vor dem Spiegel tat sie sich schwer beim Versuch, durch das von leichtem Wiener Akzent verfärbte Hochdeutsch hier nicht aufzufallen. Sie verzog den Mund wieder und wieder, um den Mundartakzent, der ihren Mitschülerinnen so schön geröllartig über die Lippen stolperte, ins Schiller-Gedicht hineinzupressen. Sie wusste, dass sie einen sprachlichen Treuebruch beging und sich damit gegen die Mutter stellte. Die Tochter hätte gern Hosen getragen; alle in der Klasse trugen Hosen, nur sie nicht. Die Mutter hätte der Tochter das Dirndlkleid, in dem sie hier so ausgestellt wirkte, dass alle über sie tuschelten, am liebsten auf die Haut genäht.

Später konsultierte die Mutter Psychiater und Chirurgen, die in ihre Seele schauten oder mit dem Skalpell Hand an sie legten, um verhärtete Knötchen zu entfernen. Sie wurde süchtig nach diesen Flickversuchen, die sichtbare Narben zurückließen – Stammeszeichen des Leidens und Tätowierungen, die die Fremdheit abwehren sollten, zugleich. Die Therapien, mit denen sich die Mutter zurechtbiegen ließ, fruchteten nicht. Ihre Füße wölbten sich wie Brücken über den glatten Asphalt, der ihr nicht entgegenkommen konnte, sodass die ganze mütterliche Last nur auf die Ballen und Fersen drückte. Ihr Versuch, durch eine Operation doch noch Fuß zu fassen, führte nur dazu, dass das Gehen noch schmerzvoller wurde.

«Männerfaustgroßer Tumor zwischen Vagina und Steißbein» lautete später die Diagnose, die der zweite Arzt (eine Koryphäe) stellte, nachdem die Schmerzen der Mutter über Jahre vom ersten Arzt (ebenfalls eine Koryphäe) als rein psychosomatisches Frauenleiden abgetan worden waren. Die Tochter fragte sich, warum die Ärzte die Größe eines Krebsgeschwürs an dieser Stelle ausgerechnet mit einer Männerfaust verglichen. Nach dem Befund begann das Ausweiden des Opfers. Die Chemotherapien setzten ein, und Zellen und Fasern des mütterlichen Körpers bäumten sich auf in einem Finale der zu spät gekommenen Revolte. Durch den Flaum auf dem Kopf schimmerte kahl der Schädel. Ein unerträgliches Jucken überfiel die Mutter. Sie kratzte, bis sie nur noch Wunde war.

Noch einmal träumte sich die Mutter nach unten ins herbstliche Wien, denn die Hoffnung, dass es wieder einmal so werden würde, wie es nie wirklich gewesen war, ließ sie nicht los. «Unten» nannte sie alles, was im Südosten der Schweiz lag und mit Heimat zu tun hatte.

«Ich bin nicht mehr auf dieser Welt», säuselte sie, als sie langsam zu Ende ging und unten und oben keine Rolle mehr spielten. Unter Tränen versuchte die Tochter, der Mutter ein Versprechen über das Grab hinaus mitzugeben. Sie werde sich nicht vor ihr fürchten, falls die Mutter ihr nach dem Tod erscheinen sollte.

Nun war die Mutter bereit, sich gänzlich in andere Frequenzen einzustimmen. Als sie die gelbliche, straffgewordene Hülle ihres Körpers, aus der der Geruch der Todkranken entwichen war, abgestreift hatte, schwebte ein kaum wahrnehmbarer Hauch durch das Sterbezimmer. Da beschloss die Hinterbliebene, das Unbehaustsein zu ihrer Heimat zu machen. «Ich habe keine Mutter mehr», schluchzte etwas in ihr und saugte sich mit Tränen voll. Sie öffnete die Balkontüre und ließ den kühlen Aprilwind ihr heißes Gesicht umspielen. «Du hattest nie eine Mutter», trug ihr der Wind ans Ohr. Etwas trocknete in der Frühlingssonne.

Die Mutter kam zurück. War Wundervogel, der sich selbst verbrennend neu gebiert, vielköpfige Hydra und Racheengel zugleich. Sie schlich sich in die Nachtträume der Tochter, und die ängstigte sich, da die Mutter ihr nach dem Leben trachtete. In jenen Nächten ging sie als Steinschlag auf die Tochter nieder oder wand gleich einem Python ihren muskulösen Schlangenkörper um sie und drückte zu. Sie tanzte sich frivol in den Traum der Tochter, den Kopf lachend nach hinten geworfen. «Ich lebe, ich lebe», trällerte ihre Stimme. «Du bist tot, du bist tot», schrie die Tochter zurück, die in einer Pfütze aus Schweiß erwachte.

In der Ferne verklangen die letzten Worte der Mutter: «Wenn wir unten geblieben wären, wäre das alles nicht passiert.»